日俄战争与中国的命运

1904–1905 法兰西画刊图文精选

FRENCH ILLUSTRATIONS ON RUSSO-JAPANESE WAR AND THE DESTINY OF CHINA AND KOREA, 1904-1905

中华世纪坛世界艺术馆 秦风老照片馆 编著

李佳达 撰文

GUANGXI NORMAL UNIVERSITY PRESS
广西师范大学出版社

目录

致辞一

1904 年 2 月 8 日至 1905 年 9 月 5 日，一场惨烈的日俄战争在中国东北进行。这场战争带给中国人的不仅仅是杀戮和屈辱、灾难和伤痛，更是“天朝”被迫睁开眼睛看世界的一次机会。在中国地图上，世界在哪里？在世界的版图上，中国又在哪里？这场战争再次迫使停滞的帝国开启寻找民族复兴的漫漫长路。

“日俄战争与中国的命运”展览，以 100 幅历史绘画首次全景呈现那场战争，梳理和思考一段中华民族的历史灾难。自2009年以来，中华世纪坛世界艺术馆陆续举办了“晚清碎影”、“帝京印象”、“他乡雪山”、“残园惊梦”、“大道之行”、“世界华人与华人世界”等展览，逐步形成了中华世纪坛·百年系列影像展。本次展览是这一系列的又一新作。我们还将不懈努力，以中国近代历史影像系列展览呈现给民众，以资鉴古知今，察往思来，追逐中华民族伟大复兴的梦想。

感谢秦风老照片馆为展览付出的努力，感谢旅顺博物馆的合作，感谢汪朝光先生和本馆同事们为本次展览付出的贡献。

祝展览取得圆满成功！

王立梅

中华世纪坛世界艺术馆馆长

2013 年 5 月

致辞二

发生在1904—1905年的日俄战争，是日本和俄国两大军事帝国对中国赤裸裸的殖民争夺。日俄战争也从一定程度上改变了中、俄、日三国历史发展的进程。

有着中国近代半部史之称的旅顺口，因其为争夺的主战场，见证了那些不堪回首的岁月积贫积弱的中国所遭受的欺辱。

明年是日俄战争发生110周年，我们将在它的发生地举办“日俄战争与中国的命运——1904-1905法兰西画刊绘图精选”展览，目的在于从一个全新的视角，透过岁月的斑驳碎影，重温历史的真实，感受时代的力量，并以昂扬的民族精神憧憬未来。

感谢中华世纪坛世界艺术馆和秦风老照片馆为展览的无私付出。

祝展览圆满成功，祝世界人民追求和平友好的愿望生生不息。

郭富纯

旅顺博物馆馆长

2013年3月

回首前尘　奋发图强

秦风

2012 年，日本政府将钓鱼岛“国有化”后，一连串的岛屿主权问题被带动起来。不仅中国外海有钓鱼岛和南沙群岛问题，日本和韩国之间也有独岛（日方称竹岛）问题，日本和俄国之间则有北方四岛问题，这些均为二战结束后遗留下来的亚洲领土主权争议。

尽管如此，冰冻三尺，非一日之寒。二次世界大战仅代表历史的转折点，并非历史的起因。远在十九世纪中叶，帝国主义即不断对中国的领土资源展开无情的侵略和掠夺。中日之间的纠纷，始于日本明治维新后走向对外扩张的道路。1895 年，日本在甲午战争胜利后，迫使中国割让台湾岛，并强迫贫困的中国人民支付巨额的赔款。1900 年庚子事变，日本则加入西洋列强的阵营，参与对北京城的劫掠以及瓜分中国的阴谋。到了 20 世纪初，尽管列强对中国的侵略达到高峰，但列强之间争夺资源的矛盾也到了无从粉饰的地步，日俄战争则是在这种背景之下爆发。

尽管这场战争发生在日本和俄国之间，但两军交战的战场却是在中国东北，争夺的是在东北和朝鲜的特殊利益。东北人民在两军交火中死伤惨重，流离失所，中国人国不成国，家不成家，尝尽了“人为刀俎、我为鱼肉”的悲惨滋味。

虽然这场战争使得中国在世界上的地位落入谷底，但也促成了中国知识分子的普遍觉醒。中国必须在政治、军事、经济、社会以及教育文化等所有领域大幅提升，走向现代化。此项见解深植人心，另一方面，旧体制和旧思维则面临崩解，改革和革命成为引导中国前进的火车头，中国的土地上展现了新的生机，历史潮流已不可逆转。

日俄战争期间，欧美媒体均曾大幅报导这场战争。在远东有着庞大利益的英国和法国，更派出战地记者，以连篇累牍的方式追踪战争的进程和结果。本书集中了法国画刊的大量图文报导，反映了日俄战争的过程和细节。不同于一般介绍日俄战争偏重于实际交战状况的书籍，本书以相当的篇幅介绍了日俄双方动员的情形，以及战争对日俄两国、对中国和韩国的深刻影响，因此读者们可以用更宽广的视野来理解这场战争的前因后果。

最后，无疑地，日俄战争是中国人心中永远的伤痛，即使是在百年之后，仍然隐隐发痛，尤其是在当前东北亚诡谲的局势中。但是，历史的伤痛却也不断地提醒中国人本身，只有团结一致，全力建设国家、坚持民族复兴之路，才是免于遭受欺凌命运，以及维护世界和平的唯一途径。

伤心惨痛的一页　催人奋起的警示

汪朝光／中国社会科学院近代史研究所研究员

1904年2月8日，由东乡平八郎指挥的日本海军联合舰队突袭驻扎在中国东北军港旅顺的俄国太平洋舰队，从而拉开了日俄战争的序幕。15个月以后，1905年5月27日，日本联合舰队在对马海峡全歼长途远征、万里跋涉前来远东增援的俄国太平洋第二舰队。至此，空前惨烈、血腥的日俄战争，以海战始，也以海战终，新兴的日本在战场上击败老大的俄国，基本确立了其在远东的强势霸权地位。

日俄战争不仅在日本和俄国的历史，而且在远东国际关系史中都占有特殊的地位。经此一役，日本击败貌似庞然大物的沙俄帝国，朝鲜半岛成为日本的囊中之物，中国东北南部成为日本的势力范围，远东之于日本，犹如美洲之于美国，成为日本心目中不容他人染指的禁脔。经此役"胜利"的刺激，日本举国上下充斥着进一步对外扩张的心劲，军国主义思潮急剧膨胀，日本正在成为远东的战争策源地。俄国则因为此役之大败，不仅失去了在中国东北的部分和朝鲜的几乎全部侵略特权，而且沙皇权威大跌，革命思潮蔓延，社会动荡，危机四伏，埋下了1917年俄国革命的远因。美、英、法、德等国在日俄战争期间出于各自利益的考量而采取的不同立场与因应，造成远东国际关系的动荡、分化和重组，也为其后两次世界大战的不同阵营组合预埋伏笔。极而言之，日俄战争在20世纪初的东西方列强关系史和远东国际关系史上都是具有标志性意义的战事。

不过，作为中国人，无论是在日俄战争发生当时亲历其事或者通过各种传媒耳闻目睹战事的中国人，还是战争过后仍然对于这场战争关怀、关心、关注的中国人，乃至现在正在观览这次以日俄战争为主题的画展和这本图册的中国人，更关心的还是：日俄战争对于中国究竟意味着什么？

日俄战争，顾名思义，是发生在日本和俄国之间的战争，但是，这场对于日俄两国而言事关国运从而打得你死我活的空前大战，其陆地作战的主战场却与日俄两国都无关，而是在中国的东北，其所争夺的日俄两国都不能也不愿让出的利益，很大一部分也是中国的东北。换句话说，日俄两国是在别国的领土上，不惜伤害别国的利益，而争夺自己的私利，进行着这场血腥的战争，犹如慷他人之慨，谋一己之利，而无论双方的胜败如何，中国都是最大、最直接、最伤痛的受害者。要了解为何如此，我们又不能不回溯中国的近代历史。

1840 年发生的鸦片战争，以英国为代表的西方列强，以强力打开了中国的大门，也结束了中国以“天朝上国”自居的东亚文明中心地位。中国曾经的无比骄傲被列强的坚船利炮打得粉碎，从此逐渐沦落为西方列强的附庸，成为任由西方列强欺凌与宰割的对象，割地赔款也成了中国对外交涉的常事。与此同时，曾经与中国有着类似命运的日本，却通过明治维新，锐意进取，励精图治，成功地摆脱了被西方列强欺凌的境遇，一跃崛起为东亚的新强权，开始其对外扩张的历史。1894 年，日本在甲午战争中击败清军，次年逼迫中国签署《马关条约》，割占台湾和辽东半岛，只是由于俄法德三国出于自身利益的干涉，日本不能不放弃已经到手的辽东半岛，从而埋下了日本怨恨俄国、意图报复的远因。

中国的东北，疆域辽阔，物产丰富，近代以来一直是日俄两国的垂涎之地。甲午中国战败后，日本对东北的扩张受到俄国的遏制，俄国还乘人之危，逼迫中国出让东北路权，强租旅顺大连，将东北视为其势力范围，从而与力图向东北扩张的日本发生了尖锐的矛盾。1900 年，俄国借八国联军侵华之机出兵东北，并且在事变结束后还赖着不走，企图实际占有东北，更为日本所不能容忍。日俄两国的矛盾急速发展并不断恶化，终发展为不能不以武力解决问题。

在日俄两国对东北争夺的过程中，东北的真正主人——中国，却基本没有发言权，好似置身事外，任由别人决定自家领土的命运。日俄大战爆发前，战云密布之时，日本却要求中国，“不愿他国掺入，并愿贵国中立，以免他国借口，横生枝节。惟贵国内地须自固守，勿使变乱。”（丁名楠等著：《帝国主义侵华史》第 2 卷，第 192 页，人民出版社 1986 年版）清朝重臣李鸿章认为，此时“附俄则日以海军扰我东南，附日则俄分陆军扰我西北，不但中国立危，且恐牵动全球”，所以，他的主张是，“日俄果决裂，我当守局外。”（《帝国主义侵华史》第2卷，第193页）正是在这样的尴尬处境中，日俄战争爆发后，清朝政府以光绪皇帝的名义，在1904年2月12日发布上谕称：“日俄两国失和用兵，朝廷轸念彼此均系友邦，应按局外中立之例办理。”（《帝国主义侵华史》第2卷，第193页）因此，日俄战争便出现了如此奇特的情景，日俄双方在中国的土地上厮杀，伤害的是中国人民的生命财产，争夺的也是中国的土地资源物产，反倒反客为主，理直气壮，大打出手，毫不顾忌；可是这片土地的所有者却无从置喙，毫无发言权，在这片土地上当政的政权，甚而至于干脆将自家的地盘划给别国打战，听任别国在此为所欲为，自己却好似事不关己，置身事外，保持“中立”。这样的“中立”，与其说是“中立”，不如说是屈辱，是清廷无力护卫本国民众，甚而至于也无力护卫自家江山的遮羞布，虽出于无力与无奈，但也形象地说明了中国当时的真实地位。在世界历史的进程中，这样屈辱的“中立”，不说是绝无仅有，也是非常少见的吧！

中国东北的民众，在日俄两军的战场缠斗之中，蒙受了巨大的损失和惨重的牺牲。日俄两军的陆上战场，集中在辽东半岛，是东北人口相对稠密的地区。俗话说，“炮弹不长眼”，日俄两军的军事攻防战，给战场民众造成的生命伤害和物质损害，完全是可以想见的。何况，日俄两军在战场征用的民夫、掠夺的资源，在在都是民众的负担；日俄两军无论胜败之后，对于当地民众的劫掠和凌辱，使民众痛上加痛；日俄两军动辄以“间谍”之名加害民众，甚而祸及地方相当层级的官员。所有这些，都给战地百姓留下了长久的痛苦记忆，也令那些即便不在战地的广大中国民众，感同身受，痛彻心扉！如时人所言：“吾中立国之民生息于其地者，掷生命数十万，死亡之数，过于两军”；“兵连祸结，无辜惨死，血肉横飞；其槁项黄馘，饿死沟壑者，朋侪相庆，以为善终”；“纵横千里，几同赤地”；“草寂烟寒，不堪触目”；真是“流血殷边草，苍生大可哀”。（《帝国主义侵华史》第2卷，第197—198页）民众何辜，受此荼毒！至今思之，人神共愤！在这样的背景之下，我们再看奉天省当局在日俄开战后发布的《两国战地及中立地条章》，其中言称“两国如已订定开战，须将日期及在何处开战，预先知照华官出示晓谕，俾人民知道，免遭兵祸”。（《帝国主义侵华史》第2卷，第195页）岂不更感其讽刺意味！

1905年春夏之交，日俄战事基本结束。当年9月，日俄两国签订朴茨茅斯和约，就两国在中国东北的利益分赃达成妥协，俄国将旅顺、大连租借权和中东铁路南满支线（长春至旅顺）路权及其他有关权利，转让给日本，南满从此成为日本的势力范围，而俄国则退居北满。对于日俄两国私相授受其在中国掠夺的特权，清政府亦无从置喙，只能默默吞下这等严重侵害中国主权的苦果。

所以，日俄战争使近代以来已经饱受列强欺凌的中国民众旧伤之外再添新恨。所谓“落后就要挨打”，在那个帝国主义对外扩张的弱肉强食的年代，列强一次又一次对中国的入侵，使中国人对此也有了一次比一次更深切的体认。日俄战争就是历史给予中国人的又一次鲜明警示！

不过，历史的发展其实也未必就是绝对上升或者绝对下降的直线过程。近代中国的历史发展进程，到了20世纪初，确实到了急迫的危机关头，“亡国灭种”似乎已经不是耸听的“危言”而是“现实”的可能。然而，所谓危机，也可以理解为危中之机。就在日俄战争发生之际，在中国社会内部，无论是官方还是民间，都正在酝酿着一系列的变化，而这些变化又将极大地影响到其后中国历史的发展进程。

日俄战争的发生，继八国联军侵华之后，又一次暴露了中国的国力羸弱及其软弱无助。彼时彼刻，无论是清政府执政当局，还是民间社会，即便是那些曾经最为顽固保守、抵拒变革的人士，也不能不承认，中国必须有所变化，否则只能是“亡国灭种”，重蹈那些殖民地国家的覆辙。因此，当1905年日俄战争结束之际，中国的政治，无论是体制内还是体制外，都出现了重大变化。

日俄战争，日本被认为是以小击大，以弱击强，结果却是日本大胜完胜而俄国大败完败，在不少中国人尤其是部分中国知识人心目中，这是君宪（日本）对专制（俄国）的胜利，从而更激起他们的政治变革要求。实行政治革新，推动立宪运动，正在成为社会各界的共同要求。本来，在庚子年惨败的刺激下，清廷及其实际当家人慈禧太后已经在1901年公告天下，实行“新政”。如果说，在“新政”初期，清廷的着重点仍在“实政”，即机构改革、编练新军、改革教育、奖励实业等等，而回避根本性的政治改革，那么到日俄战争发生之际，宪政思潮发端，立宪运动渐兴，使清廷受到强大的压力，从而破天荒地在1905年派出五大臣出洋考察宪政。1906年，五大臣考察归来的报告，建议改行君主立宪，慈禧太后亦顺水推舟，在当年9月下令“预备仿行宪政”。清末“新政”由此而向政治领域推进，“立宪”成了清廷无法回避的政治主题，立宪运动风云四起，在清末政治发展演进的过程中起到了不容忽视的重要作用。

也是在1905年，清廷下令停止科举考试制度，设立学部，主管全国教育。有千余年历史的科举考试制度，无论其在历史上的作用如何，已然无法适应近代的新形势、新情况、新要求，不利于中国近代的现代化转型，科举考试制度的废除，为中国打开了教育制度现代化的大门，在中国教育发展史上具有历史性和里程碑的意义。

派人出洋考察宪政、废除千年科考制度，它们都发生在1905年，都是清廷体制内高层所为，虽然可以理解为清廷实行“新政”的逻辑结果，但是也不能不说与日俄战争受到的刺激有着或多或少的关联。

在清政府的对立面，体制外的革命党人方面，1905年也是个值得大书特书的年份。

自1894年孙中山创立兴中会，开始反清革命运动以后，革命思潮即在不断扩散之中。1905年，曾经以发表《革命军》而大力鼓吹革命并因此而入狱的知名革命者邹容，年仅20岁即瘐死狱中；另一位“以光复祖国为志”的知名革命者陈天华，有感于祖国之危亡，在日本愤而蹈海自杀。两位革命者的非正常死亡，进一步刺激了革命思潮的发生、发展及其蔓延，也使得早已不满清廷顽固保守做派的革命党人更加倾向以革命行动推翻清朝统治。也是在1905年，孙中山在日本东京创立同盟会，使得反清革命有了统一的组织形态和领袖人物。孙中山并且第一次明确将“民族、民权、民生”的三民主义确立为同盟会革命的政治纲领。实现民族独立、民权自由、民生幸福，不仅是反清革命的有力政治动员，而且在近代中国的整个历史发展进程中，都具有其强烈而鲜明的现实意义。所以说，对于反清革命运动的兴起和发展、革命思潮的传播与扩散而言，1905年也具有非常重要的意义，而这与日俄战争的刺激、清廷因应的无能无力又是分不开的。

综上所论，对于日俄战争的观察与评论，日俄战争对于中国究竟意味着什么？我们或可有两方面的结论，一方面，日俄战争是近代以来中国所经历的伤心惨痛的一页，其所留给国人的深重创伤，至今思之，尤令人感愤不已；另一方面，日俄战争也是催人奋起的警示，无论是当时清廷体制内的当政者还是体制外的革命者，都从日俄战争中汲取到对于各自所走之路所必需的信息或警讯，从而使这场战争在实际上成为推动清末中国变革的强力催化剂之一。

前事不忘，后事之师；以史为镜，可以知兴替。当今日之中国，正在迈向民族伟大复兴的历史征程中，我们后人也可以从前人的历史中，得出于我们今日有益的借镜。《日俄战争与中国的命运》展览，通过其所展出的百幅生动传神的历史图片，更可使我们对于历史的认识有更丰富的层面，这也是文字的历史所无法完全反映，而图片的历史可以形象反映的方面吧！

2013年5月8日于东厂胡同一号

成败的历史与历史的成败

李佳达

两位君王开战前的犹豫

1904年2月4日黄昏，明治天皇睦仁心事重重地回到寝宫，经过了整天的御前会议，开战已成定局，此时他已经52岁了，还患有糖尿病。尽管二战以前，天皇被日本国民视为神圣的至尊人物，但战后公开的史料显示，此时的天皇，精神状态低弱，已不复早年在登基时率百官誓言“求知识于世界”的豪壮情怀，甚至连十年前毅然对清朝开战的信心都荡然无存，毕竟这次要面对的是比清朝更加庞大、可怕的对手，他难以想象如果日本战败的场景，只能板起脸，陷入死寂一般的沉思。根据当时的宫内省记载，当晚天皇回到内宫后，吞吞吐吐地和皇后说：“终于决定和俄国断交了”，接着欲言又止地说道，“如果这场战争失败了，实在对不起。”当天半夜，极度缺乏信心的天皇辗转难眠，一度动了要拍电报给尼古拉二世和解的念头，还好被身旁的侍从武官阻止。

天皇不知道的是，比他更害怕战争的俄国沙皇尼古拉二世，已经比他早一步发了电报，只是这封俄国愿意让步的电报被扣押在长崎的电报局，要到三天后才会被交给俄国驻日公使罗仙，而到了那个时候，已经为时已晚。

沙皇尼古拉二世也为了这场战争踌躇再三，一直到日军偷袭旅顺港的当天早上，虽然两国尚未正式宣战，外交大臣却已经向他汇报“日本近日必有惊人之举”，战争可能会不经宣布而突然开始，但沙皇心中仍保有一丝和平的幻想，决定干脆放弃朝鲜以保满洲，因此传令远东总督，如果日本不是袭击旅顺港，而是占领朝鲜，即使日军将军队开到满洲边境，俄国也不认为这是军事行动的开始。可惜的是，在这道命令下达的同时，日军偷袭的鱼雷驱逐舰已经部署完毕，准备出击，所选的目的地不是朝鲜，正是旅顺。

两个帝国君主的担心不是偶然，日俄战争作为二十世纪初最大规模的战争，象征着全面性的军事革命，无论从军事组织、后勤动员、武器发展、战略思维、远洋作战到海陆协力等各方面，都有着跨时代的改变，奠定了现代战争的雏形。

此时，十九世纪那种需要由前方上膛，每打完一发就要清枪管的老式枪械早已退场，改用可连发、后方上膛并搭配无烟火药的三十年式步枪，其射程是十年前甲午战争时所用步枪的两倍，重量变轻，准度和威力却都有所增加。除此之外，双方还大量使用机关枪和各种新式火炮，这改变了传统冲锋式陆战的形态，而成为壕沟、堡垒争夺战。日俄海战也是全世界军事史上，最大规模的铁甲舰队决战，通过各种机械马达的设计，舰队可装配更大口径的火炮，杀伤力更加庞大。这种战争在各样资源的消耗上都极为惊人，双方比装备、比士气、比武器、比战术，但更关键的是比厚实积累的国力及搭配灵活的国际外交手腕，牵一发而动全身。

而这场史无前例的交锋，从地缘政治的观点，似乎从一开始就不可避免。

朝鲜半岛是这场锦标赛的标的物，在地缘政治上，半岛一向具备着两面刃的特性，一方面陆地强权可以把半岛作为向海洋扩张的跳板，另一方面它却也是海洋强权前进大陆的滩头堡。从彼得大帝开始，俄国就梦想获得一个不会结冻的温水港，却被英国和德国掐住通往欧洲的咽喉，只能往东方发展；日本在明治维新之后，确立了扩张的大陆政策，朝鲜正是第一阶段最重要的利益线所在，朝鲜半岛就这样注定成为陆权及海权交会的起火点，而满洲则是背后更深层的火源。

当俄国开始兴建西伯利亚大铁路，准备贯穿欧亚大陆时，日本重臣山县有朋就预言“西伯利亚铁道业已进展至中亚细亚，不出数年即将竣工，由俄罗斯都城出发十数日即可饮马黑龙江，吾人不可忘记西伯利亚铁路完成之日即朝鲜多事之时，亦不可忘记朝鲜多事之时亦即东洋发生变动之机也[1]”，从此，日俄两国都加强以彼此为假想敌的备战，等待命运交会的那天到来。诚如罗斯福总统的英国密友斯普林所形容：“这是漂向战争的一个实例：两艘失控的大船同时渐渐地向对方靠拢，直到最后相撞[2]。”

国际强权暗助日本

日本在日俄战争胜利后，摇身一变跻身世界强权之列，引起其他深受殖民之苦的亚洲国家革命的热潮，深信日本的道路就是他们的未来，然而在圣雄甘地所编辑的《印度的自我支配》一书中，却记载了一段发人深省的对话：

年轻的印度读者慷慨激昂地和甘地说：“我们应该早日赶走英国人，建设自己的陆军与海军，在世界上绽放异彩。印度正应该像打败俄罗斯的日本一样。”甘地淡淡地回答：“问题是，飘扬在日本之上的，其实不是日本的旗帜，而是英国的大纛啊[3]！”

日俄战争又被称为第零次世界大战，由于发生在列强齐聚的远东战场，人人都想攫取最大的政治经济利益，外交合纵连横上更是各怀鬼胎，日俄背后各自都有许多看不见的黑手，主导着战争向他们希望的方向发生。

由后续解密的外交文件来看，从开战的三年前，英国与德国就开始明里或暗里地促使着这场战争的发生。对英国来说，从波斯、阿富汗到西藏这一整片区域都和俄国有着难以调和的矛盾，这些区域被英国视为殖民地印度的缓冲地带，绝不容有所失，而俄国在义和团之乱后强占东北，也影响了列强在远东的势力布局，该是时候选只“东方的看门狗”来教训一下这只毛茸茸的灰熊了，法国驻北京公使就曾向法国外长发出紧急密件，表示“英国在此刻极力怂恿日本去反对俄国，是造成当前危急局势的因素之一[4]”，一语道破英国的企图。

德皇威廉二世比英国更加狡猾，他和俄国沙皇尼古拉二世有亲戚关系，其实却打心底看不起他这位“尼基”堂弟，只会在表面上说得满嘴甜言蜜语。当德国在1897年出兵强占胶州湾时，本来引起了同样觊觎胶州湾的俄国极大的不满，但德国宰相在外交照会中提道：“皇上正是为了势必爆发的日俄战争才占领胶州湾，这样若有任何挑衅者（指英国或日本）意图用武力阻挠俄国，我们就会与俄国舰队并肩作战，给予迎头痛击。”俄国信以为真，随即同意撤出胶州湾，并派舰队占领旅顺、大连，威廉二世还为此向堂弟发出贺电：“屹立在黄海入口的俄德两国将共同保护着远东十字架，守卫亚洲大陆的门户，为欧洲阻挡黄祸[5]。”

当威廉二世前脚还和堂弟说得口沫横飞，“坚定地希望我们两国的舰队把他们的舰只击沉于太平洋之中”，后脚已经派德国外交公使告知日本公使，在俄军强占东北的问题上，德国“绝不赞成俄国在满洲的行动方式”，所以“一旦事情发展到产生危机的地步，德国将保持善意的中立”。其实对于德国最好的算盘，就是俄国和日本大打出手，德国就完全不用担心自己在欧洲的东线领土，而且当俄国的实力因为战争削弱到一定程度时，这只灰熊就只能成为自己对抗英国的小跟班，对自己言听计从。同时，在俄国波罗的海舰队出航远征时，德国还成为俄国海军最大的燃煤供应商，狠狠地赚了堂弟一笔。

当德国不再是个问题，日本开战最大的顾虑就只有和俄国签订法俄盟约的法国了，在这个问题上，英国的政治家决定对日本伸出援手，在当时的英国外交蓝皮书中记载了英国的考虑：“如果日俄不幸发生战争……英国的目标是使战争局部化。也就是说我们将在没有第三国（指法国）参战时保持中立。……如果允许法国站在俄国那一边，其结果就会使（干涉还辽的德、法、俄）三国协定恢复，这三国将成为中国的主人，而我们将会遭到排挤。”

英国首相依照这份备忘录，和日本公使提出两国正式结盟的提议，在《英日同盟协定》中订立了英国只在法国参战时才会介入的条款，借以牵制法国，日俄战争开战后，英国又进一步与法国签订了《英法协约》。整场战争中，英国提供日本重要的情报，还代日本募集公债，并且暗中阻碍俄军波罗的海舰队的东征，禁止俄国停靠英国殖民地的任何港口补给，为日军争取时间，给了日本极大的帮助。相对法国除了提供俄国舰队在东非和越南的停靠点，就没有再提供其他有力的协助，远不如英国对待日本来得实惠[6]。而不满俄国独占东北的美国，也跟随英国的脚步，支持日本，日本再无任何后顾之忧。

看不见的黑手们从暗处帮日本扫清前方的障碍，凭借的不是友谊，更不是道义，这背后盘根错节的算计，为的只是自己的最大利益，对于这场战争的本质，列宁曾有着一针见血的评论：“在资本主义基础上，要消除资本积累与势力范围分割这两者的矛盾，除了用战争以外，还能用其他什么办法呢？”

在这样的前提上，日俄两国似乎只是两个刚好有动机、有行动力的演员，被导演和制片们放在舞台上，当道具、布景都安排妥当，剩下的就是让演员自由发挥，黑手们下一步只要躲在幕后，等到该喊停时再出现就可以了。

日本政府刻意掩盖的伤亡惨状

日俄战争终于结束了，1905 年 10 月，满洲的日军士兵陆续从战场返回国内，大本营在 12 月 20 日发出“复员令”，隔天举行解散典礼，战时体制正式宣告落幕。各军的司令官以“凯旋将军”的身份，回国向天皇“复命”，并将《复命书》刊载于报纸，与人民分享这份荣耀。

攻克旅顺的大功臣，日本第三军军长乃木希典在1906年1月14日觐见天皇，完成复命，但奇怪的是，报纸上刊登的乃木复命书，却意外出现了□□□□的缺字符号。

这篇《复命书》以“明治三十七年五月第三军司令官拜受大命任旅顺要塞之攻略”开头，记述了从进攻旅顺到奉天战役的大致过程，并赞颂将士的“忠勇义烈”，最后提道：“然以斯如忠勇之将卒，旅顺之攻城要日月半岁之长，供巨大之牺牲。奉天附近之会战，□□□□□□□□□□□□□□，又当敌骑大集团行动至我左侧背后，未获将之击碎之好机，此为臣终世之遗憾，不胜惶恐之处也。”经过还原，缺字的部分写的是“因攻击力之缺乏，未能完成退路遮断之任务”，但这段文字因为不符合参谋总长大山岩提出的《日俄战史编纂纲领》，而遭到删除。

更具体来说，乃木复命书违反了编纂纲领审查注意事项的第六条规定：“我军之前进又追击之神速，且若无充分之理由，限必要不得已之处，需令记述含糊带过。”规定之后还有附带理由：“为成后来战役之例证，如有未尽圆满之处，多少有暴露我军缺点之嫌之缘故也。而作为表面之理由，如出于或给养之关系，战斗后之整顿或单纯战术上之顾虑等，纵令事实亦为之。如我军战斗力之耗尽，抑或弹药之欠乏等，绝不可明白道之。”根据上述规定，乃木复命书的□□□□部分，自然就不可“明白道之”。其他不能写明的还有：军队中个人怯懦、失策为战斗带来不利结果者，不可暴露其真相；除了缺乏弹药而苦战的英勇事迹外，不得记载日军缺乏弹药补给的情形，以免暴露日军准备不足；若有违反国际法和影响外交之记事，例如可能涉及虐待俘虏、侵害中立或使用马贼等事宜，为了避免引起误会，影响外交，不得记述[7]。

除了战争中丑恶的部分必须被掩盖，对于日军海陆战决胜的关键，也似乎遭到了一定程度的扭曲。陆军一路苦于能够破坏要塞的炮弹不足，才必须用肉搏战，以大量牺牲换取胜利，但却被导向强调日军士兵“为君国献已身性命”的高尚情操，最后助长了步兵突击的战术。而海军一直引以为傲的“T字战法”，也与实际情况不符，当初东乡进行“敌前大回头”的转向，只是因为双方舰队本来是以反向行进，为了转成“同航战”方便炮击才为之，与一开始就摆出横向阵式进行攻击的“T字战法”根本沾不上边。

这场战争背后不能说的秘密，是必须满足说故事及听故事者的需求。因此，胜利者需要成功的故事，失败者也必须为失败找出理由。在这个层面上，真实性不是重点，故事想达到的目的才最重要，过程只要合理，一般人可以接受，就是好故事。以这种心情来看俄军将领的日记或回忆录，就更能感同身受了。从俄军满洲军总司令库罗伯特金的日记来观察，他在战前参访日本时，就已明确意识到俄国运作三国干涉还辽及侵略东北已经“使日本的民族尊严蒙受两次沉重的屈辱”，俄国若注定要接受新的战争考验“牺牲将是沉重的，而且会长久地阻碍国家的自然发展[8]”。

但同一个库罗伯特金，却也在1903年的7月率先上书沙皇，表示“如今守卫俄国远东边疆根本不成问题”，11月他再加码保证：“旅顺口的防御工事即将完成”，凭借这些工事，日本军队“无论从海上还是陆地上，都无法攻克这个据点……我们有人力、物力守住旅顺口，甚至可以一抵五、一抵十地进行战斗”，而光俄军的太平洋舰队，现在就“可以完全有把握地、大胆地和日本整个海军进行较量[9]”。战后库罗伯特金则转而批评“在这个陆军中想要维持纪律，几乎是不可能的，这个国家的老百姓对于权威毫无尊敬之意，而实际上，权威却反而害怕他们的部下”，他在退休前发表痛定思痛的告别书，认为部队中正直之士都为长官所不喜；毫无主张、善迎上意的人反而富贵显达，将俄军的失败原因之一归咎于军官素质太差[10]。沙皇尼古拉二世对战争的态度也几经转折，他原本认为对日战争是一场“必胜的小规模战争”，希望以此拯救自己的专制政府及封建制度，战争开始时，他甚至自己承认是“战争祸首”，誓言为了俄国的光荣，要在满洲作战到“赶走最后一个日本人”，并将被征服的满洲带给自己的“忠顺臣民”。直到战争失败，他才将矛头转向支持远东扩张新方针政策的大臣别佐勃拉佐夫，要求彻查战争发生的原委，意图推卸责任[11]。

战争不论有多大恩怨是非，过去了就是过去了，若要对后世的人们产生“意义”，便只取决于诉说者的角度和立场，他们或为了宣扬国家的荣光、或为了捍卫自己的名声，在不同的时间，说出不同的故事版本，这个时候，真实就成为不能言说的秘密，后人只有可能越来越接近真相，却永远无法得到百分之百肯定的答案。

国际报刊的本位主义

从媒体的纪录当中还原历史，是最有趣的过程，因为从国家的立场、报社的态度、观察的工具、纪录的媒介到印刷传播的方式，都经过不同的思维理解、转化及再现的阶段，最后才成为阅读者手中所谓的第一手材料。

日俄战争开战的前一年，日本《万朝报》刊登了一篇文章，介绍“战争与报纸”的关系，当时的《万朝报》是首创“一份一钱”的大众报纸始祖，由于价格亲民，对一般人民的传播极广。这篇报导分析了西方报纸为了争取读者，对于战争的描写多有夸大或造假、语不惊人死不休的倾向，尤其美国的报纸更为严重，例如义和团事件时便无中生有地报导北京有“许多白人惨遭虐杀”，而根据英国《泰晤士报》的说法，“报纸上满满一栏，精彩万分的战况详报，其实不过廿字至卅字的电报”，其他的都是记者自行发挥，可见当时信息传播的困难及媒体的影响力。

抨击欧美的媒体不客观、新闻粗制滥造之后，《万朝报》也加入仇俄舆论的行列，逼迫政府对俄开战，报导举出了俄军在大同江沿岸“抢夺木材”的“可恶”行径，写下社论《最后的一断》，里面提道：“止乎，口头之警告，书面之抗议，空空千万言，毕竟有何效。猛然，下最后之一断。”姑且不论抢夺木材的真实性，但这样的事件需要演变为两国的开战理由，似乎也过于牵强[12]。

从各国媒体在日俄战争过程中的报导手法，可以充分了解各自背后的势力与立场，形成有趣的对比。当日军在宣战前偷袭旅顺港后，全世界的媒体纷纷大幅报导，欧洲国家历来有敌视俄国的气氛，对俄国讪笑多于同情，英美媒体更是全力为日本护航，英国牛津大学的教授发表文章指出：“宣战书并非是战争所必须的，日本并未破坏战争的基本法则。”美国耶鲁大学的国际法教授沃尔西也发表公开声明：“在日本攻击俄国军舰的行为上，背信弃义和不正当的评价并不适合……许可战争的法律本质不只有宣战声明[13]。”同样的偷袭手法，在37年后发生于美国夏威夷的珍珠港，隔天的美国《纽约时报》可就不会这么友善了，记者转述白宫官员的话表示，日本这样的行为等同正式对美国及英国宣战，我们应该站出来抵抗这种对美国残暴且不义的攻击，也需要对这些和平及正义的破坏者予以报复，以惩罚这些违背国际法规定、不经宣战就发动袭击的杀手[14]。

旅顺口的陷落，接着又成为国际媒体可以大加发挥的目标，法国媒体站在俄国同盟者的角度，先是表达了对俄国士兵英勇作战的敬意，然后将笔锋转向批评旅顺主帅斯图赛尔的骄傲与散漫。但也有媒体寄希望于库罗伯特金在满洲集结的大军，认为这支部队仍然具有战斗力量，今后足以有所作为。

敌视俄国的英国报纸则反而对斯图赛尔将军大加赞扬，《泰晤士报》社论认为“对于斯图赛尔将军的顽强防守，使用任何言词褒奖皆不为过，他的英明必将与其他优秀的俄国将领一同流芳百世，不过虽然俄军防守很出色，但胜利的桂冠仍然要颁给百折不挠、尽显武士本色的日军”，并认为从此日本一扫东洋小国之名，成功洗刷当年三国干涉还辽的耻辱[15]。

旅顺失陷引发了圣彼得堡大规模的罢工游行，却被沙皇政府暴力镇压，史称“血腥的星期日”。这一举动连同盟的法国媒体都开始对沙皇政府大加挞伐，从此沙俄政府的财政信用一落千丈，国家公债乏人问津，俄国的新闻检查官只好每个月以“广告费”的名义付给法国报界25万法郎作为封口费，请他们为俄国政府保留颜面[16]。在奉天会战俄国大败，陆战确定全盘皆没之后，英国《泰晤士报》直截了当地形容这是俄国决定性的大惨剧。但法国媒体却只是委婉建议俄国考虑议和，例如《巴黎回声报》刊登文章说：“最忠实、最诚挚、最无私的朋友要求你们开始谈判。”稍微尖锐一点的《震旦报》则说：“如果尼古拉二世已迟钝地无力做出任何决定，那么请他听听法国理性的呼吁吧！”

本书当中采用的皆为法国画报，因此着重于对俄军的正面描写，读者可以细细玩味这些一线的战争报导，如何根据同样事实作出不同的诠释，里面充满了作为观看者的艺术。这些观看战争的记者们，毫不掩饰地摘取了自己的观点，再现心中认知的事实，但却保留了画面中让读者可以自由评价的细节，让我们这些观看报导的第二手观看者，可以站在自己的立场再次加以分析思考，这也是这批精致的版画所代表的，最高的艺术价值所在。

成败的历史辩证

日本或许赢了日俄战争，顺利地在西北太平洋取得了独霸的地位，但却让美国开始意识到危机感，因此主动介入调停，使得日本国内对《朴茨茅斯条约》的不满全部转为反美的浪潮；日本的强大，也让美国国内舆论对于“黄祸”的畏惧甚嚣尘上，双方都制定了以对方为假想敌的作战计划，埋下了战争的种子。日俄战争时日本国力快速提升，国民长期陷入爱国主义的狂热情绪，盲目于对外的军事扩张，对日本本身的真正力量过于高估。同时，在这种氛围下，日本良心之士的忠言，不仅不受重视，反而遭到无情地压制。日本固然强大了，但也如同无法驾驶的快车，直接冲入死亡的幽谷。日俄战争后，日本以胜利者的姿态，几乎年年用兵，开始了真正大规模的帝国主义侵略，意图染指东亚大陆，创造大东亚共荣圈，陆海双线同时扩张，但当日本终于陷入不掠夺资源就无以为继的窘境时，也注定走向太平洋战争的灭亡之路，然而，却又在无条件投降的阴霾中，重新出发，于二战后成为世界经济强权。

日俄战争日本胜利的光环背后，是太平洋战争战败几乎亡国的阴影；俄国失败的耻辱背后，是沙皇政府倒台，迈向革命的新契机。胜利与失败的历史辩证，以自己的脚步，串起时间长河中有意或无意的每一个瞬间，它像是一部电影，在人们眼前活生生地不断上演；它也是一则精准无比的预言，不可能重来，却似乎永远会再来。

注：

1、蔡凤林 (2008). 日俄四次密约——近代日本“满蒙”政策研究之一 . 北京，中央民族大学出版社 . 24 页

2、阎京生 (2007). 菊花与锚——旧日本帝国海军发展史 . 台北市，知兵堂 . 117 页

3、张锡模 (2005.06). “日俄战争与政治思想 .” 当代 214. 42 页

4、同注二，108 页

5、同注二，94-95 页

6、同注二，110-113 页

7、井口和起 (2012.12). 日俄战争的时代 . 台北市，玉山社 . 154-155 页

8、苏俄国家中央档案馆编 (1976). 日俄战争——库罗伯特金・利涅维奇日记摘编 . 北京，商务印书馆 . 45-58 页

9、万安中 (2011.08). 战争与革命：世界史研究一隅 . 北京，经济管理出版社 . 101 页

10、实践学社编 (1964.05). 日俄战争研究，实践学社 .23-24 页

11、鲍・亚・罗曼诺夫 (1976). 日俄战争外交史纲 . 上海，上海人民出版社 .400-403 页

12、同注 7，77-78 页

13、OCT (2011.05). 日俄战争——开战背景及海战始末 . 台北市，知兵堂 .173 页

14、(Dec. 08.1941). The New York Times. 原文摘录如下：

“We shall wreak the vengeance of justice on these violators of peace, these assassins who attack without warning and these betrayers of treaty obligations and responsibilities of international law.”

15、关捷等主编 (2005). 日俄战争史料集 . 大连，东北财经大学出版社 .158-160 页

16、同注二，133 页

圣彼得堡的征歌

1904 年春，俄京圣彼得堡唱遍了出征的歌曲，群众陷入爱国的狂热情绪中，但也隐然夹杂着复杂的情绪。在持续的扩张政策中，尽管俄国势力伸向全球，但长年的征战，也耗尽了物力，人民处于饥饿和革命的边缘。由于俄国在远东地区与日本爆发武装摩擦，加之沙俄政府的宣传，民众旋即陷入参战的情绪，然而另一方面，俄罗斯帝国也面临着社会矛盾爆发，政治崩解的严重危机。

1703 年 5 月 27 日，在俄罗斯北部的涅瓦河畔，在一片荒凉的沼泽地上，彼得大帝从士兵手中抢过铁锹，挖下两块草皮，把它们排成十字状，并庄严宣告："这里将崛起一座城市。"这就是未来俄国最重要的政治军事中心：圣彼得堡。

彼得大帝亲政后曾经花了两年时间走访欧洲各国，甚至亲自到荷兰的东印度公司学习造船与航海的技术。这一天，在这片沼泽上，彼得大帝身旁的大臣们看到的是一位离经叛道的君王，他打破了帝国长年以来沿某条大河建都的传统，竟选择了芬兰湾几十条河流支流交汇的"恶地"。但在彼得大帝眼中看到的却是一个有着坚固要塞、大型造船厂及便利港口的先进城市，并一路通往真正温暖而湛蓝的海洋。从此以后，取得一个全年不冻的温水港口，便成为俄罗斯帝国的最大梦想，但再往北是长年冰封的北冰洋与白海，又受限于英国与德国把持着波罗的海通往北海与大西洋的出路，扩张的唯一选择，只剩神秘而遥远的东方。

十六世纪末起，俄国哥萨克兵团一路跨越了西伯利亚的冻原，直达东岸的鄂霍次克海，并建立要塞，作为前进北太平洋及阿拉斯加探险的据点。但随着扩张的脚步越来越加速，后勤补给成为最大的问题，俄国决定寻找一个殖民西伯利亚的后勤补给中心。他们将眼光投向了人口密集且资源丰富的黑龙江流域，先是乘着清朝平定蒙古内乱的机会，夺取了尼布楚、雅克萨等地，后来，更在十九世纪中叶正式设置了西伯利亚总督，并配置大量兵力的同时，迁来大批的移民，逐步往他们心中真正最佳的选择，满洲，前进。

1858 年至 1860 年期间，俄国趁着中国面临第二次鸦片战争的危机，胁迫清廷与其签署了《中俄瑷珲条约》和《中俄北京条约》，而获得他们在远东的第一个不冻港：海参威。随即设置军事基地，并将其改名为"海参崴"。意为"征服东方"，不过海参崴虽然号称为"不冻港"，在较寒冷的年份仍可能有五个月的结冻期，因此俄军有进一步占有旅顺的念头。同时，进入十九世纪的俄国，也和其他西方列强一样，由于工业化的发展，觊觎拥有庞大人口、资源及市场的中国，而其视为"金窖"的西伯利亚，实际上也不过是无力开发的蛮荒之地，俄罗斯帝国还需要一条连接欧亚大陆的铁路，来实现其控制远东的野心。

中日甲午战争后，日本迫使清帝国付出了巨额赔款，并企图染指辽东半岛，引起俄国强烈不满，并因此联合德国、法国向日本政府发出照会，指出日本占领辽东半岛将“妨碍远东之持久和平”，故“亚洲大陆的任何部分都不得作永久的占领”，“如不应允，三国必将对日本在海上采取共同军事行动”，日本只好转而要求清廷负担三千万两白银的“赎辽费”，并无奈地放弃了辽东半岛。

在三国干涉还辽成功后，俄国进一步与中国签订了《中俄密约》，以共同防御日本为理由，允许俄国于黑龙江、吉林等地修建东清铁路，直达海参崴，完成了俄国西伯利亚大铁路最重要的一块拼图。1897 年，俄国又在德国舰队开入胶州湾后，堂而皇之地调派舰队驶入旅顺与大连“协助清廷守卫疆土”，随后强迫清廷签订《旅大租地条约》，使俄国终于获得梦寐以求的南方温水港，俄国海军随即投入大量经费建设旅顺港，作为其太平洋舰队的主要基地。

1900 年，义和团之乱爆发，东北百姓纷纷响应破坏铁路，俄军乘势报复，大举入侵东北，引发海兰泡及江东六十四屯惨案，屠杀六千多名中国人，并占领整个满洲。但此举引发列强不满，日本尤其痛恨，俄国在多方压力下与中国签订撤兵条约，预计分三期撤兵，此时针对是否真正撤出满洲的问题，在俄国内部出现两种极端对立的声音，最后由积极支持侵略远东的别佐勃拉佐夫获胜，俄国政府召开特别会议，通过了拒绝撤兵的“新方针”。根据时任俄国陆军大臣的库罗伯特金日记：“我们皇上脑袋中有宏大的计划，为俄国夺取满洲，并入朝鲜，还想把西藏一起纳入[1]。”

在别佐勃拉佐夫的眼中，日本不过是蕞尔小邦，“扔顶帽子就可以把它压倒”，远东总督阿列克谢耶夫也有相同的看法，甚至一向反对与日本开战的库罗伯特金也上书沙皇，表示旅顺的工事即将完工，日本陆海军都不可能将其攻克，光靠现有的太平洋舰队“可以完全有把握地、大胆地和日本整个海军进行较量”。沙皇尼古拉二世在这样的氛围下，相信日本不敢贸然引起战端，即使开战，这场“小规模的必胜战争”也可以有效转移俄国人民的注意，缓解国内日益严重的革命浪潮[2]。

“新方针”既定，后续双方你来我往的外交谈判，也就只是形式上争取准备时间的伎俩，日本虽然愿意承认俄国在满洲的特殊利益，俄国却不愿意以朝鲜作为交换，沙皇直到最后一刻才感觉战争准备仍有所不足，试图对日方的最后通牒做出让步，但这封回复的电报却被日本长崎的电报局扣押，根本没有送到俄国驻日公使手中，自然也没有机会送进日本政府。开战，已成定局。

虽然俄国大多时候并不把日本看在眼里，但也不是全然无所准备，为了同时控制欧洲和东亚形势，俄国一直稳定扩张自己的军备部署，西线对抗德奥，东线则抵制日本，当时的日本及俄国皆采取强制的征兵制，但数量上差距悬殊，俄国陆军战时可扩充至四百万人，日本不过八十万人，不过账面上的数字并不保证胜利，战争一旦爆发，日本能立刻将常备陆军二十八万三千人中的绝大部分迅速投入战场，反观俄国虽然将远东军备 63 个营动员到 140 个营，不过在贝加尔湖以东的部队总数相加仍然不足十四万人[3]，而西伯利亚铁路尚未完工，运输效率极为低落，后方增援的士兵得坐一个月的火车才能到达前线。

海军方面，俄国虽拥有当时世界排名第三的舰队，但俄军太平洋舰队却较日本为弱。在船舰总吨数上，日本接近 28 万吨，而俄军仅不到 20 万吨，速度方面，日本舰多为 18 节左右，而俄舰仅有 14-15 节，装甲面积上俄国船舰也只有日本的一半，在炮弹的射程和口径上也都不如日本。

无论陆战或海战，俄军似乎都没有评估中可以骄傲的本钱，战争的结果也已昭然若揭。俄国文豪托尔斯泰对于日俄两国在中国土地上的相争感到痛心疾首，并写下自己预测的战争结局：“一些强盗的得逞引起了别的强盗的垂涎，赃物成了纷争的对象，并将毁灭强盗自身。狗是这样，堕落到动物水平的人也是这样。”

注：

1、OCT (2011.05). 日俄战争——开战背景及海战始末 . 台北市，知兵堂，90 页

2、万安中 (2011.08). 战争与革命：世界史研究一隅 . 北京，经济管理出版社，101 页

3、实践学社编 (1964.05). 日俄战争研究，实践学社，41 页

欢送开往远东的军队（见 32 – 33 页）

1904 年 3 月 26 日，《L'ILLUSTRATION》图文报导。小标题：由圣彼得堡开往远东战场的步兵团。图说：这是一幅近日在圣彼得堡街头不断上演的场景，在沉重的夜幕中，大雪纷飞，行进的士兵头戴厚重的毛帽，踢着棕色的长靴，右手托住上好刺刀的长枪，全副武装地开往远东的战场，争取胜利。这些默默的无名英雄，值得民众最热情的欢呼。从图中两旁俄国民众的欢欣鼓舞中，可以看出这场战役对当时的沙俄来说，胜利应是毫无悬念的，他们称日本人为“黄猴子”，并且相信日本弱小到不敢主动进攻，俄军占据了绝对的优势，凯旋只是时间长短的问题。画面中虽然大多数民众都对行进中的士兵们举帽欢呼，但也有像图左下角蓬头垢面的底层老人，头也不抬地径自朝反方向走去，一脸沉重，略带忧伤，似乎事不关己。此时俄国经济困难，民生凋敝，社会动乱事件层出不穷，开战固然激起爱国热情，但也加重民众的负担，并使得社会和政治改革更加遥遥无期，圣彼得堡的欢呼声中，隐藏着深深的不满和忧虑。

冬宫前的激情

1904 年 2 月 20 日，《L'ILLUSTRATION》图文报导。图说：圣彼得堡冬宫前的爱国场景。本图为法国特派记者现场描绘而成，可以充分感受到俄国人民在冬宫前呼喊战争胜利的热情，即使天寒地冻，大雪纷飞，但广场前的群众仍然挥舞着旗帜、毛帽，大声喝彩，当时正处于日俄双方正式宣战后十天，君民对于和日本开战都充满信心，甚至成为沙皇政府用来转移国内革命运动的政治手段，内政部长普列维在被质疑为何促成这场战争时就曾回答：“俄国需要些小胜利来阻挡革命的浪潮。”

不公平的擂台

1904年4月3日，《Le Petit Parisien》增刊图文报导。彩色石印画一幅。**小标题：白种人与黄种人的对决**。本图中很巧妙地用摔跤擂台表现当时欧洲人眼中的世界局势，以及看待日俄战争的态度，台上看似实力悬殊的两名参赛者，分别站在自己所属的领地上，左方高大魁梧的俄国选手，腰上背着“欧洲冠军”的黄金腰带，好整以暇地背起双手，俯视着身高不到自己腰部的对手。图中壮硕的体型并非全无所本，据统计，日俄战前的十年间，俄国每年的军事开支都增加48%，海军支出更增加到100%以上，因此陆军大臣库罗伯特金还曾上书向沙皇保证，战争的取胜易如反掌。相对右方瘦小的日本选手，运动短裤上写着磨损殆尽的“亚洲冠军”，脚步横跨在日本和朝鲜半岛间，好像已经用了不少力气，却仍然抬头叫嚣，双手摆出挑衅的姿势。而图右上方的中国面对日俄于自己的土地上厮杀，却只能对外宣称“局外中立”，在列强的眼中自然连进场观战的资格都没有，只有攀附在围墙边偷看的份。

送别俄军总指挥

1904 年 3 月 27 日，《Le Petit Parisien》增刊图文报导。彩色石印画一幅。**小标题：俄军总指挥库罗伯特金离开圣彼得堡。**日俄战争开战前，担任远东总督的阿列克谢耶夫由于从未有过实际战功，在强大舆论质疑下，沙皇不得不改派陆军大臣库罗伯特金为满洲军总指挥，尼古拉二世对库罗伯特金期望甚高，不但亲自送别库罗伯特金，还为他配戴了象征最高荣誉的第一宝星勋章。据当时中国的《申报》翻译俄国政府的电文，沙皇称赞他“以卿才略夙优，身经百战，当必有无损朕之委任者，特准开去陆军大臣之缺，驰赴满洲，以与日人戎衣相见，卿今往矣，如朕亲临”。

Seizième année. — N° 790.

Huit pages : CINQ centimes

Dimanche 27 Mars 1904.

Le Petit Parisien

SUPPLÉMENT LITTÉRAIRE ILLUSTRÉ

DIRECTION: 18, rue d'Enghien (10e), PARIS

TOUS LES JOURS
Le Petit Parisien
(Six pages)
5 centimes
CHAQUE SEMAINE
LE SUPPLÉMENT LITTÉRAIRE
5 centimes

ABONNEMENTS
PARIS ET DÉPARTEMENTS:
12 mois, 4 fr. 50. 6 mois, 2 fr. 25
UNION POSTALE:
12 mois, 5 fr. 50. 6 mois, 3 fr

LA GUERRE RUSSO-JAPONAISE

A SAINT-PÉTERSBOURG. — DÉPART DU GÉNÉRAL KOUROPATKINE

俄国总动员

1904年4月16日，《L'ILLUSTRATION》图文报导。**小标题：俄国总动员——保佑即将前往远东的军队。**在这些准备出征的俄国军士身上，除了战争必胜的决心，更希望得到信仰上东正教神明的庇护，因此所有部队出征前，都必须要先进行宗教的祈福仪式，连俄军名将也不例外，例如海军高级军官马卡洛夫或统帅库罗伯特金出征前，都会先自行参拜圣徒或参加修道院祭典，图中虔诚的士兵在行进过两旁的传教士及圣徒的肖像时，都会自动脱帽致意，并在胸前画圣十字，做好殉道的牺牲准备。俄国在最后的奉天会战中，动员的陆军人数已达到近四十万，总兵力接近日本的两倍。

吾皇万岁！

1904 年 2 月 28 日，《Le Petit Journal》增刊图文报导。彩色石印画一幅。**小标题：沙皇万岁。图说：沙皇送别前往远东作战的哥萨克骑兵，士兵高呼万岁。**图中沙皇尼古拉二世穿着鲜红亮丽的军装，亲自骑马为远征的士兵送行，使得骑兵们士气大振，高举长矛，大呼万岁，满是雀跃之情。尼古拉二世出生于东正教中受苦受难的圣约伯纪念日，俄国人相信在这一天出生的孩子，将来都会受苦受难，而尼古拉二世继位后的确也是内忧外患，内有反政府的革命运动频频发生，外从日俄战争到第一次世界大战，备尝艰辛。

俄国的运兵车

1904年，《Le Petit Journal》增刊图文报导。彩色石印画一幅。**小标题：运输士兵的马车通过贝加尔湖。**由于西伯利亚铁路无法达成预定的运量，在地形、气候等种种限制下，蒸汽火车往往行动受阻，所以俄军只好使用最原始的马车运送士兵，而铁轨则成为另类的路标指引，形成本图中马车走铁路的有趣画面。

增援士兵疾驶贝加尔湖上（见 42-43 页）

1904 年。**图说：俄军运送增援的陆军前往满洲**。满洲对于俄国人来说非常遥远，从主要基地莫斯科到旅顺的距离有八千八百公里，主要的交通线为西伯利亚铁路，但铁路工程环境恶劣，缺乏永久的路基，其中贝加尔湖的路段缺口一直到开战近八个月后才赶工通车。图中是贝加尔湖冰封的湖面，骏马在寒风中奔驰，两旁溅起的雪花，模糊了士兵们的视线，加上天寒地冻的温度，所有人都把双手裹在衣袖中，低头紧靠在一起取暖，图左后方还远远地看得见蒸汽火车冒出的黑烟，但由于铁路尚未完成，俄军仍然只能使用最原始的马车运载士兵。

感伤的送别

1904 年 2 月 20 日，《L'ILLUSTRATION》图文报导。**小标题：西伯利亚的动员，前往满洲的军用火车。图说：被征往满洲的哥萨克士兵，在出发前最后和家属们话别，在离情依依之时，已经站在车厢里的士兵唱起了熟悉的军歌。**本图中随军记者生动地刻画出士兵们和至亲相拥不舍的瞬间，画面中央的士兵将额头紧紧抵住仍在童稚中的孩子，这一别，不知是否还能再见，一旁的妻子掩面哭泣，潸然泪下，已经上车的战士一边挥手一边唱起雄壮的军歌，哀戚而悲壮。前途生死未卜，而这些士兵却大多不知为何要远征千里之外，凸显出从军者的无奈。

旅途中欢唱作乐的俄国士兵

1904 年，《Le Petit Journal》增刊图文报导。彩色石印画一幅。**小标题：送援军前往满洲。图说：一辆运载西伯利亚哥萨克骑兵的车厢。**图中着军装毛帽的哥萨克骑兵团围绕成一圈演奏俄国民谣，为冗长无趣的旅程打发时间，也有人遥望着车厢外不断变换的风景，想象着远东的异国风情和即将面对的“黄猴子”对手，大部分人表情上看不出准备上前线的恐惧，反而一派轻松。战争发生后，西伯利亚铁路的运输就远远达不到沙俄政府想象的效果，俄军总指挥库罗伯特金曾写信给沙皇抱怨：“俄军九个军团只有一条单线铁路，完全无力应付战争需要，也成为战事拖长和胜负不决的主要原因，我们的增援部队是零星到达的，当冬天需要皮大衣御寒时，夏天时需要的雨衣才送到，而皮大衣则是在需要雨衣的时候到达，战事损失了十万人，铁路的增援却只陆续送来二万人。”

车厢中等待战争的歌声

1904年，《L'ILLUSTRATION》图文报导。小标题：运送士兵的车厢。图说：大批的士兵及马匹塞在拥挤的车厢中，用着极缓慢的速度向前线前进，走走停停，好像没有尽头，不论人或马都已失去耐性，他们只好通过歌唱来纾解，被迫接受这种不断被移动的命运，他们的音乐由手风琴、铜钹和手摇鼓组成，不断反复地唱着自己最喜欢的歌谣，直到抵达那个遥遥无期的目的地。西伯利亚铁路的运量远低于俄国政府的预期，按交通大臣希尔科夫的说法，当时每昼夜只能行驶六对直达列车，其中四对军用中只有三对可以实际运载士兵，与当初作战规划希望达到每昼夜14至20次军列，有极大落差。当时要把一个营（约300人）的兵力从莫斯科送到旅顺，大约得花一个月的时间。

占据满洲的俄国占领军（见50–51页）

1904年1月9日，《L'ILLUSTRATION》图文报导。**小标题：俄军占领的满洲，士兵跳舞作乐。**图中在满洲扎营的俄国士兵趁着休息时间大跳传统民俗舞蹈，俄国的舞蹈带着浓浓的乡村风味，而且有许多剧烈和技巧性较高的动作，例如高跃、扫膛、屈膝蹲身等步伐，为的是在天寒地冻的高纬度地区获得一些热量，虽然左方有许多士兵仍蜷缩在营帐中，后方的中式牌楼也还有片片的积雪，但画面中央热舞的士兵却越跳越来劲，反映了占领军的气焰。

复活节的集体忏悔仪式

1904年，法国画刊报导。**小标题：俄国复活节时，驻扎在哈尔滨的俄军集合于教堂内过节。**集结哈尔滨的俄国部队，依照习俗，参加复活节的忏悔仪式，制造团结一致的气氛。东正教教堂虽然只是简陋的木造建筑，却有着精美雕刻的圣徒像及华丽的水晶吊灯，当光线从多彩拼贴的马赛克玻璃当中投射进来，空气瞬时凝结，虔诚的士兵们低头祷告，沐浴在浓厚的宗教氛围中。

日落海参崴军港

1904年，《LE MONDE ILLUSTRE》图文报导。**图说：在破冰船开道下，俄军太平洋舰队三艘装甲巡洋舰俄罗斯号（Rossia）、告罗摩波伊号（Gromoboi）、留力克号（Rurik）停靠在海参崴港口补给食物及军需。**俄军太平洋舰队原以海参崴为根据地，但海参崴仍有约四至五个月的冰期，军舰要通行，都需要先经过破冰船开道，从图中可看出船只停泊的港边完全冻结，物资的运送也需要靠马匹所拉送的雪橇车，交通不便，因此俄军不得不将主力移至真正的不冻港旅顺，而使得旅顺港成为日本首波袭击的主要目标。此图反映日落前的海参崴军港，有着异国浪漫的气氛。

沙皇持圣像为部队送行

（见56-57页）

1904年8月13日，《L'ILLUSTRATION》图文报导。**小标题：沙皇赐福将出征的将士。图说：这张照片拍摄于俄国内政部长普列维被恐怖分子暗杀身亡之后，沙皇尼古拉二世亲自送行将前往满洲增援的军队，并手持圣徒像加以祝福。**日俄战争的爆发，与俄国内部保守派和改革派的斗争有着莫大的关联性，图中尼古拉二世本来希望通过日俄战转移国内革命危机，但在看到推动战争的内政部长普列维被社会革命党刺杀后，沙皇感受到了日俄战争所带来的输不得的压力，沙皇手持圣徒像，亲自为出征满洲的军队送行。此照片日后成为经典的历史影像。

日本全国总动员

二十世纪初，日本出兵参与八国联军之役，跻身列强，国民的荣誉感达到空前的地步，几年后，日本与俄国在中国东北和朝鲜发生了军事摩擦，决定向作为西洋强权的俄国宣战。这是人类近代史中，一个东方国家首次向西洋强权发动战争，这场战争改变了日本的国家体制，也深深影响了日本国民的心理。

1891 年初春，俄国皇太子亚历山大德洛维奇搭乘黑海舰队主力舰“十二使徒号”抵达了日本神户港，面对这样的阵仗，与其说是邻国王子敦亲睦邻的行为，不如说是恶霸带着人马上门耀武扬威，但日本政府充分尽到了地主之谊，甚至破例在祭典时间外举办了京都的大文字祭，一切在俄国皇太子眼中是如此新奇而美好，直到从他头上砍下的那一刀。

从京都琵琶湖旅游归来的途中，俄国皇太子被一名日本“义士”砍伤，他右侧额头被砍出了一道 9 厘米长的伤口，直达颅骨，史称“大津事件”。闻讯大惊的明治天皇连夜前往探视，在这里，他第一次见到了十三年后的对手：回国不久后便登基的俄国沙皇尼古拉二世。尼古拉二世不会忘记这一刀，日本就此成为他心目中“野蛮的黄猴子”，二十天后，他戴上一顶大皮帽遮掩头上层层的纱布，为西伯利亚大铁路的开工钉下第一根铆钉，埋下未来战端最主要的导火线。此时，远在日本的山县有朋也预言：西伯利亚铁路完成时，便是朝鲜的多事之时，也是东洋发生变动之机，日本已感受到俄国在铁路背后对东亚局势的企图，也开始暗暗准备这场未来可能难以避免的战争。

明治天皇登基时，曾率文武百官向神明宣言“五条誓文”，其中“求知识于世界”更成为日本的纲领性国策，明治维新推动了全面的西化及经济改革，创办及扶植各种企业，改革兵制，引入西方警察、司法、教育制度，改善交通与通信，希望在最短的时间内达到“富国强兵”、“殖产兴业”和“文明开化”三大目标[1]，同时为了扩大海外市场及掠夺更多资源，朝鲜被视为日本大陆扩张政策的突破口与跳板，也是明治政府推行“大陆政策”第一阶段的关键。

但日本经甲午战争战胜中国后，虽然顺利将朝鲜独立于中国之外，却无法废除俄国在朝鲜的采矿、伐木及舰队基地等种种特权，而被迫与俄国签订协议，与俄国及其他国家共同分享朝鲜。另外到手的辽东半岛，更遭到俄国发动三国干涉而被迫交还中国，这被日本视为奇耻大辱，日本乃改以俄国为假想敌，藉由马关条约的巨额赔款，制定了十年建军计划，在庞大的预算投注下，全面改善陆海军的设备与规模，包含打造最现代化的六六舰队计划，目标让陆军人数增加两倍、海军舰艇吨位增加三倍[2]，养精蓄锐，等待战机成熟。

与此同时，俄国在远东的势力日益强大，先藉三国干涉还辽向中国邀功，得到东清铁路的筑路权，接着又利用机会强占旅大，甚至乘着庚子事变进一步占领满洲，使得国际外交局势也发生了微妙的变化。本来与俄国紧密合作的德国向日本表示，德国并不赞同俄国在满洲的行动方式，一旦出现危机，德国将严守中立并保持对日本的善意。英国也认为有必要在远东找一个可以遏制俄国的“东方看门狗[3]”，而与日本订立了英日同盟，并且在条约中明确英国仅在第三国也参战的情形下才会宣战，藉此警告并制衡法国不得帮助俄国。美国则由于要求俄国开放满洲的立场和门户开放政策相符，也选择支持日本。至此国际情势完全逆转，让日本对开战别无后顾之忧[4]。

日本国内气氛舆论也倾向对俄宣战，学界有东京帝国法科大学户水宽人等七博士联合上书，还有民间团体如“对俄同志会”及东京《朝日》、《报知新闻》、《每日新闻》等众多媒体，不断发表对俄作战的强硬言论。《万朝报》在“不可避战乎”的社论中，已经开始呼吁全民动员备战，一旦战争开始“与开战之他国为敌，此非海军陆军之战，乃全国民之战也。五千万之忠良，悉发有如以吾一身而战之觉悟，不可不将力合为一也[5]”。

1904年2月4日拂晓，彻夜未眠的明治天皇召见了伊藤博文，询问他对俄开战的利弊，伊藤分析了种种条件，认为日本军备已足，加上全国上下一心，国际局势也利于日本，俄国却面临国内政局不稳、西伯利亚铁路未开通及军备准备不足等劣势，终于坚定了明治天皇的决心，下午便召集元老及内阁展开御前会议，决定对俄作战。

日俄战争前，日本已经完成十年建军的规划及外交合作，并派出大量间谍从事情报搜集，也先发行了一亿日圆的军事公债，作为备战经费，还发布了《紧急支出敕令》、《战时大本营条例》、《军事参议院条例》等法令，巩固开战后的政府运作，军需物资则从1903年底开始陆续运送到韩国仁川港备用[6]，避免开战后被俄国舰队阻截，一切准备皆已就绪。

注：

1、阎京生 (2007). 菊花与锚——旧日本帝国海军发展史．台北市，知兵堂，21 页

2、蔡凤林 (2008). 日俄四次密约——近代日本“满蒙”政策研究之一．北京，中央民族大学出版社，26 页

3、OCT (2011.05). 日俄战争——开战背景及海战始末 ．台北市，知兵堂，82 页

4、同注 3，110 页

5、井口和起 (2012.12). 日俄战争的时代．台北市，玉山社，78 页

6、董志正等编著 (2005). 日俄战争始末．大连，东北财经大学出版社，126 页

幼童的战舰之梦（见 62-63 页）

1904 年 4 月 27 日，《L'ILLUSTRATION》图文报导。**图说：日本将军事及战争纳入小朋友的教育中**。照片中年仅五、六岁的日本小朋友在妈妈的陪伴下参观海军战舰的模型，并全神贯注地听着战争故事的点点滴滴，在那个本该到处玩耍的童真岁月，无论男女，却没有任何一个人将目光离开图中央的战船，这个扬起太阳旗征服大海的梦想已经深深埋在他们的心中，成为牢不可破的信仰。中国的革命女杰秋瑾就亲眼所见日本儿童挥舞小旗送士兵出征的模样，而内心深受冲击。

日本学童的战争教育

1904 年 4 月 3 日，《Le Petit Parisien》增刊图文报导。彩色石印画一幅。**小标题：日本学校中的模拟战争游戏**。图中小学老师将男孩分为两边，以所戴的帽子来区分日俄双方，彼此交战拼斗，虽然孩子们手持圆头的棍棒避免受伤，但在他们幼稚的心中，这并不是一场游戏，尤其戴上日本军帽的男孩身系了国家的荣誉，更为拼命，图中央的“日军”男孩撂下两名“俄军”后也被绊倒在地，图左方三名“日军”则直接冲入对方敌阵，毫无畏惧。这样的战斗与前线的交火在心理上并无不同，只是身形放大，手上换成可以致命的武器而已，这场战争启动了日本上下深刻的爱国主义教育，以及对敌人的仇视心理。

新日本领袖明治天皇

1904 年，《LE MONDE ILLUSTRE》图文报导。小标题：日本天皇。图说：明治天皇生于 1852 年 11 月 3 日，而于 1867 年 2 月 13 日登基，他持续的努力让日本成为近代化的强权之一，而自日俄战争之始，他也非常称职地担任了指挥官的角色。明治天皇曾率领文武百官宣誓“求知识于世界”，展开明治维新，从军备武器到政治制度进行全面性的改革，奠定日本近代化的强国基础。然而另一方面，明治天皇其实在对俄战争上迟迟无法下定决心，他深知俄国是一个远比清朝强大的对手，根据日本宫内省的记载，在 2 月 4 日最后的御前会议决定开战后，他还一度动了向尼古拉二世拍电报谋求和解的念头，但被侍从武官制止。图中的明治天皇已年过五旬，由于遗传问题和慢性病困扰，虽然身着英气十足的军装，却难掩脸上的疲态与不安。

LE MONDE ILLUSTRÉ

48e Année — 27 Février 1904 — N° 2448

L'EMPEREUR DU JAPON

S. M. Mutsuhito exerce effectivement son rôle de commandant en chef de l'armée. — Depuis les origines du conflit avec la Russie, il ne cesse de passer des revues et d'activer l'organisation des troupes. — L'Empereur, né le 3 novembre 1852, est sur le trône depuis le 13 février 1867. C'est à sa persévérance qu'est due en grande partie l'accession du Japon à une puissante organisation moderne.

天皇授旗出征

1904 年 3 月 6 日，《Le Petit Journal》增刊图文报导。彩色石印画一幅。**图说：明治天皇将战旗授予即将出征的军队。**图中明治天皇将日本军旗授予光荣出征的将士，希望他们带回胜利的荣耀，但他也深刻地了解到这场战争不只是前线的作战，后方的各种资源的调度与支援，才是胜利的关键。日本在日俄战争中展现惊人的动员能力，但国力也几乎因此被消磨殆尽，到了 1905 年 8 月底双方和谈前，日本在满洲的部队已达到了 33.7 万人，相当于常备军的 150%，耗尽了作为保卫日本本岛所有的人力资源，许多农村的稻田因为年轻人全被征召入伍而荒废，甚至引起来年的饥荒。整体的战争费用超过 18 亿日元，大量举债让人民平均的税赋负担从 1903 年到 1906 年间增加了一倍。

Le Petit Journal

Le Petit Journal
CHAQUE JOUR — SIX PAGES — 5 CENTIMES
Le Supplément illustré
CHAQUE SEMAINE 5 CENTIMES

5 Centimes SUPPLÉMENT ILLUSTRÉ 5 Centimes

Le Petit Journal QUOTIDIEN, 5 cent.
L'AGRICULTURE MODERNE, 5 cent.
Le Petit Journal militaire, maritime, colonial, 10 c.
La Mode du Petit Journal, 10 cent.
On s'abonne sans frais dans tous les bureaux de poste

ABONNEMENTS

	SIX MOIS	UN AN
SEINE ET SEINE-ET-OISE	2 fr.	3 fr. 50
DÉPARTEMENTS	2 fr.	4 fr.
ÉTRANGER	2 50	5 fr.

Quinzième année — DIMANCHE 6 MARS 1904 — Numéro 694

LES ÉVÉNEMENTS D'EXTRÊME-ORIENT
L'Empereur du Japon remettant les drapeaux à ses troupes

日本百姓夹道送行

1904年，《LE MONDE ILLUSTRE》图文报导。**图说：日本军队行进经过东京街头。**图中当日本军队行经东京大街之上，男女老少都夹道相送，百姓们或传统打扮或身着西式服装，渴望战争胜利的爱国心情并无二致。士兵们脚下踏着整齐的步伐，但眼神却不禁游移到两旁的人群中，寻找为自己送别的爱人或家人。

日军的柔道训练

1904 年，《LE MONDE ILLUSTRE》图文报导。**小标题：日本的军队文化。图说：在东京的柔道比赛。**图中的日本士兵在进行柔道的操练，而外国记者很精准地描绘出对手过招时遭到过肩摔的瞬间，动感十足。日军在战前准备上，大量派遣军官至德、法、英、美，以及俄国各海军陆军学校留学，尽量输入西方军事文化，陆军采取德国操典，以攻击为主，海军制度则学习英国，训练精良，士兵同时也接受日本传统柔道和空手道等格斗术的训练，作为肉搏战短兵相接时使用。

日本君主立宪政治工程

1904 年，《Le Petit Parisien》增刊图文报导。木刻版画五幅。**小标题：东京的政治。图说：天皇前往国会（左上），国会议员前往国会（右上），国会内的演说（左下），天皇将旨意交给臣下（中），日本的投票者（右下）。**日本于 1889 年颁布大日本帝国宪法，并建立帝国议会作为国家的立法机关，分为众议院（下议院）及贵族院（后改为参议院），众议院由人民选举，贵族院则由天皇任命。而在人民选举权的规定上，必须是年满 25 岁，缴税 15 日元以上的男子才有投票权，而要成为候选人还必须缴 2000 日元的保证金，以当时的币值估算，仅具有相当资力的日本人才能符合这些昂贵的政治规则。

Supplément Littéraire Illustré du « Petit Parisien » 221

LA VIE POLITIQUE A TOKIO

L'EMPEREUR SE RENDANT AU PARLEMENT

UN PAIR ET UN DÉPUTÉ SE RENDANT AU PARLEMENT

C'est depuis la Révolution de 1867-1868 que le Japon, mettant fin au régime des *daïmios*, les grands seigneurs féodaux, brisant le pouvoir du *shogun* ou *taïcoun*, sorte de maire du palais qui tenait en tutelle le mikado réduit au rôle de simple « Roi fainéant », restaura l'autorité impériale, fit table rase du passé politique et rompit net avec l'ère ancienne.

De réforme en réforme les Japonais sont arrivés maintenant à un fonctionnement politique à peu près stable et nos lecteurs prendront sans doute quelque intérêt aux scènes d'une de leurs séances parlementaires les plus solennelles : l'ouverture d'une session à Tokio.

Au moment de la déclaration de guerre, s'ouvrait le 20e parlement japonais et cette cérémonie empruntait, cette fois, un intérêt particulier à la gravité des circonstances.

C'est d'ailleurs le seul jour où le Mikado entre en contact direct avec les représentants élus de la nation ; aussi les abords de la Chambre des Pairs, étaient-ils, dès le matin, envahis par une foule immense, calme, presque silencieuse.

Il ne faut pas évoquer à ces mots de Chambre des Pairs, les magnificences de notre Palais-Bourbon... Là-bas, point de perron monumental, pas de fronton ni de colonnade, mais un logis sommaire et comme provisoire, presque une baraque, très modeste palais de bois peint qu'une allumette réduirait en cendres.

C'est là cependant que va se jouer un des actes les plus imposants de la vie politique japonaise.

Les uns après les autres les députés, en habit noir, coiffés de chapeaux à haute forme, cravatés de blanc, les pairs, engoncés dans leurs habits brodés d'or, portant sur la tête de fastueux bicornes empanachés, arrivent soit en voiture, soit en *Kuruma*, sorte de pousse-pousse léger attelé de deux vigoureux coolies.

Puis, soudain, au galop, passe un escadron de cavalerie...

La foule s'écarte... Voici la voiture de gala de Mutsuhito, 122e empereur du Japon.

D'un mouvement lent et rythmique, sur tout le parcours, comme les hauts sillons d'une plaine que courbe un souffle puissant, les fronts se penchent, les tailles s'inclinent, et cet hommage sans acclamations, sans gestes, semble plus significatif et plus émouvant que le délire des bruyants enthousiasmes.

Dans la salle des séances, avant l'entrée du Mikado, le coup d'œil est extraordinaire et d'une signification historique saisissante.

Cette salle carrée, sans gradins avec seulement une estrade surmontée d'une tribune, est d'une simplicité presque primitive.

A gauche sont groupés les députés dont les vêtements noirs font une large tache sombre à côté des pairs, placés à droite, rutilants et superbes dans la somptuosité de leurs costumes chamarrés : les uns, mandataires du Japon démocratique, représentent l'esprit nouveau, les autres, derniers vestiges de l'époque féodale, rappellent l'ancien Japon.

Tous sont debout. Sur l'estrade, du côté droit, se trouvent les ministres, les conseillers privés et les grands dignitaires.

Enfin, l'empereur suivi du prince héritier et des princes du sang, fait son entrée.

Il pénètre par la gauche sur l'estrade... Comme tout à l'heure dans la rue, une inclination profonde courbe à ce moment l'assemblée et dès que Mutsuhito, impassible, froid, énigmatique, a paru à la tribune, le premier ministre, le comte Katsoura, lui apporte le texte de l'adresse.

L'empereur en fait aussitôt la lecture d'une voix gutturale, sur un ton monotone de psalmodie, au milieu d'un profond silence.

Une fois encore, dans un geste qui semble avant toute discussion, l'acceptation complète de la volonté impériale, tous les fronts s'inclinent et un homme courbé en deux, les yeux baissés, comme redoutant le regard du descendant de la déesse du Soleil, s'avance pour recevoir des mains de l'empereur le texte de cette adresse qui sera approuvée dans la prochaine séance du Parlement.

Cet homme, le Président de la Chambre des Pairs, qui, dans une posture humiliée s'en va vers l'empereur, est le dernier rejeton des Tokugawa dont les ancêtres, les *Shoguns*, étaient restés jusqu'en 1868 les vrais maîtres du Japon, ceux qui tenaient en lisières la puissance impériale et imposaient à tout le Nippon leurs tyranniques fantaisies !

Après la réception de l'adresse, la cérémonie prend fin : le vingtième Parlement du Japon est ouvert.

***

Longtemps, avec un dédain bon enfant, nous avons traité moqueusement l'empire du Soleil-Levant de « petit Japon ».

Petit Japon, cet archipel grand comme l'Espagne, de 110,000 kilomètres carrés plus grand que la Grande-Bretagne !... Petit Japon, peuplé de 45 millions d'habitants !... Petit Japon, ce pays où le système électoral est presque parfait, où le peuple est vraiment « représenté », où plus les intérêts locaux et industriels s'affirment, plus grand est le nombre d'électeurs !

Dans l'arsenal des lois nouvelles, prenons, par exemple, celles qui touchent à la vitalité même d'un pays, celles qui, chez nous, ont tant de mal à aboutir : les lois ouvrières.

Jusqu'en 1875 le patronat était féodal, et l'ouvrier l'homme-lige du patron. L'obéissance passive était exigée de lui, et il devait subir l'autorité absolue des chefs d'industrie, tant que durait le contrat d'embauchage.

Mais dès 1875, cet état de quasi servitude disparaissait à jamais.

C'est à compter de ce moment que nous voyons se fonder de grands établissements industriels dans les diverses provinces du Japon, et que la condition de l'ouvrier ne cesse de s'améliorer.

La « loi ouvrière » — qui n'est qu'une loi transitoire — date de deux ou trois ans, et va s'améliorer encore.

Elle assure la protection des ouvriers, la sécurité et l'hygiène des fabriques industrielles et réglemente le travail de l'enfant apprenti.

La loi ouvrière est applicable aux établissements industriels où l'on emploie plus de 50 ouvriers et apprentis.

Encore dure pour l'enfance, qu'elle admet dès l'âge de dix ans dans les usines et permet de l'employer dix heures par jour, elle assure du moins l'achèvement de l'instruction primaire, un minimum de repos, — une moyenne de 40 jours par an, — la responsabilité patronale pécuniaire en cas d'accident et, s'il y a mort, une indemnité à la famille de la victime.

La « loi ouvrière » stipule encore qu'une rente perpétuelle sera servie ordinairement aux ouvriers employés pendant longtemps dans une même usine, et qui ne peuvent plus travailler par suite de vieillesse, ou deviennent incapables de travail. Pour l'incapacité partielle, on leur donne un travail approprié, et on leur sert une rente perpétuelle, malgré le peu d'utilité du travail fourni.

***

Quelques détails maintenant sur le système électoral et le fonctionnement représentatif.

Pour être électeur, il faut avoir 25 ans et

LECTURE DE L'ADRESSE

L'EMPEREUR REMETTANT SON ADRESSE AU PARLEMENT

UN ÉLECTEUR JAPONAIS

payer au moins 10 yens de contributions directes (le yen vaut 2 fr. 58). En revanche on peut être député sans payer aucune contribution, mais il faut avoir au moins trente ans

81 députés représentent les villes, et 295 les campagnes, ce qui explique pourquoi la majorité des députés japonais sont agriculteurs ou propriétaires agricoles.

Quant à la Chambre des Pairs, elle est composée de membres de la famille impériale, de tous les princes et marquis âgés de plus de 25 ans ; de comtes, vicomtes et barons de l'Empire élus par leurs égaux ; de membres, âgés de 30 ans au moins, nommés à vie par le Mikado pour leurs services ou leur savoir et enfin de 15 membres élus par les 15 habitants les plus imposés des districts d'administration

Les affaires impériales sont divisées en dix départements et chaque ministre est secondé par un vice-ministre qui remplit à peu près les fonctions de nos secrétaires généraux.

Contrairement à l'opinion qui a longtemps couru en Europe, l'empereur Mutsuhito s'occupe des plus infimes questions d'organisation.

Jusqu'en 1868 il vécut, caché à tous les regards, dans sa cité natale de Kioto, aux temples superbes, aux palais éblouissants.

Mais, depuis, il s'est intéressé de très près à l'administration, au progrès, à l'amélioration sociale de son empire et sut l'amener, sans heurt, jusqu'à l'ère des traités de commerce, des ententes et des alliances.

Cette vie nouvelle date du 14 mars 1868. Ce jour là, Mutsuhito proféra solennellement la déclaration en cinq articles, démocratisant le Japon et l'ouvrant aux entreprises du progrès.

Les deux derniers articles sont à eux seuls un merveilleux programme et suffisent amplement à expliquer l'essor rapide et le modernisme surprenant du Japon :

« Article 4. — Les mauvaises coutumes ne profiteront plus de leur titre d'ancienneté. Elles seront abolies, et les lois de justice seules seront suivies.

Article 5. — *Nous extrairons du monde entier les idées excellentes, afin d'étendre indéfiniment la prospérité de l'empire.* »

J. L.

RÉPARATION

Rue Truffaut, aux Batignolles, une maison grise et nue où, dans chaque baie, semble grimacer la misère : là-haut, dans une mansarde du sixième, une femme agonise ; elle est jeune encore et, sous l'émaciement des traits, subsistent quelques traces d'une beauté qui, se sachant sans avenir, ne garde même plus l'orgueil de son passé.

A demi assise sur son lit, le dos appuyé aux oreillers que l'obligeance d'une voisine a tout à l'heure étagés sous elle, elle fixe de ses yeux de verre, de ses grands yeux de phtisique où l'âme allume ses derniers feux, deux petits cadres, deux portraits, celui d'une homme et celui d'un enfant, placés l'un à côté de l'autre, en face d'elle, sur la cheminée de bois noir.

Un bruit détourne son attention. Quelqu'un a frappé à la porte : on entre, et une voix très douce, que la malade ne connaît point, interroge

— Mademoiselle Thérèse Lavenue ? C'est bien ici ?

Thérèse s'est dressée — un peu — et regarde avec étonnement cette dame si jolie et de si discrète élégance, qui s'avance, à pas légers, en l'engageant, d'un menu geste de ses doigts gantés, à demeurer immobile.

LA VISITEUSE *(approchant)*. — Je craignais de me tromper... *(avec une moue toute maternelle)*. Voulez-vous ne pas bouger !

THÉRÈSE. — Vous m'excuserez, madame... Ce désordre !... *(montrant une chaise)*. Si madame voulait...

LA VISITEUSE *(lui prenant le bras et le replaçant sous la couverture)*. — Mais oui... mais oui !... Seulement il ne faut pas vous découvrir ! Là ! *(elle prend un siège et vient s'installer au chevet de la malade qui suit ses mouvements avec une surprise grandissante)*. Vous voyez bien ! *(souriante)*. Je sais me servir toute seule ! *(elle relève sa voilette)*. Vous ne me reconnaissez pas ?

THÉRÈSE *(dont la figure se crispe dans un effort)*. — Non ! Pourtant...

LA VISITEUSE. — Ne cherchez pas ! Ne cherchez pas ! Il y a si longtemps !... chez Mme Lagarde, votre ancienne patronne.

THÉRÈSE *(avec un soupir)*. — En effet... il y a longtemps ! Près de onze ans ! C'est la première couturière où j'ai travaillé après mon apprentissage ! *(Réfléchissant)*. Et c'est là que Madame... m'a vue ?

LA VISITEUSE. — Oui... Madame Lagarde nous habillait ma mère et moi, à cette époque. Le nom vous dirait peut-être quelque chose, car si ma mémoire est exacte, vous avez quelquefois livré chez nous, rue Miromesnil... chez Mme de Cernay !...

THÉRÈSE *(vivement)*. — En effet ! En effet ! Comment ne me suis-je pas souvenue tout de suite, en vous voyant. Vous étiez si gentille, si aimable pour moi ! Et je vous admirais tant, car vous étiez alors aussi jolie que maintenant ! Oh ! mademoiselle...

LA VISITEUSE. — Madame ! Madame ! Je suis mariée aujourd'hui !

THÉRÈSE *(la lèvre tremblante)*. — Excusez-moi ! *(après un silence pendant lequel ses yeux paraissent appeler l'image de cette vie lointaine)*. Et c'est par Mme Lagarde sans doute que vous avez su ?...

LA VISITEUSE. — Votre adresse, oui. Hier, elle m'a adressé une lettre me disant combien vous étiez digne d'intérêt, et en même temps elle m'a chargée de vous avertir qu'elle vous gardait une place dans sa maison, dès que vous serez rétablie...

THÉRÈSE *(avec émotion)*. — Je vous remercie, toutes deux, je vous remercie de tout mon cœur... Mais, voyez-vous, madame, ce n'est pas dans cette maison-là que ma place est marquée maintenant !

LA VISITEUSE *(feignant ne pas comprendre)*. — Pas dans cette maison-là ! Et pourquoi ? Est-ce que vous avez eu des différends avec Mme Lagarde ?

THÉRÈSE *(lentement)*. — Ni dans celle-là, ni dans une autre ! La place qui m'attend est celle où l'on ne gagne que le repos et que l'oubli !

LA VISITEUSE. — Voulez-vous bien vous taire... Nous allons vous soigner, vous donner tout ce qu'il vous faut... A votre âge, le mal n'est jamais le plus fort. Je veux que dans un mois...

THÉRÈSE. — Le médecin ne juge même plus utile de venir ! Ah ! au début, si j'avais pu me reposer, abandonner mon travail, je ne dis pas ! Mais maintenant, ce n'est plus qu'une question de jours, d'heures peut-être.

LA VISITEUSE. — Vous parlez comme une désespérée ! Vous n'avez rien qui vous rattache à l'existence, pas de parents, pas d'affection ?...

THÉRÈSE *(le visage soudainement illuminé de tendresse)*. — Oh ! si, madame. Oh ! si... je voudrais vivre !

LA VISITEUSE. — Eh bien, alors !

THÉRÈSE *(à travers un sanglot, répétant)*. — Oh ! oui, vivre ! vivre pour... *(elle s'interrompt, et avec lassitude, pose sur les draps ses deux mains jointes, en signe d'imploration)*. Si j'osais !...

LA VISITEUSE. — Ai-je donc l'air si méchant que vous hésitiez à parler devant moi ? Voyons ! Vous disiez que vous voudriez vivre... pour... pour quelqu'un ? une tâche à remplir ? un devoir ?

THÉRÈSE *(dans un souffle)*. — Pour mon fils !

LA VISITEUSE *(après un étonnement vite réprimé)*. — Vous avez un ?...

THÉRÈSE *(haletant)*. — Un enfant, oui, madame, un enfant qui va atteindre ses dix ans bientôt, et que ma mort laissera seul, tout seul, sans argent, sans protection, sans appui. Toutes mes ressources, tout ce que j'avais épargné sur mon travail a servi à l'élever, à payer sa pension : j'espérais pouvoir veiller sur lui deux ou trois ans encore : alors, je lui aurais fait apprendre un métier, et je serais partie heureuse ! Hélas ! mon pauvre petit, à dix ans, comment se suffira-t-il ?...

LA VISITEUSE. — Mais... *(elle hésite un instant)*. Son père ?... Mort, sans doute ?

THÉRÈSE *(elle secoue la tête négativement)*.

LA VISITEUSE. — Pardonnez cette question...

THÉRÈSE. — Elle n'a rien qui puisse me blesser !... J'ai eu le tort d'aimer, et de croire qu'une malheureuse fille comme moi pouvait être aimée ; mais j'étais si jeune, si confiante... et IL me disait de si belles choses ! Je ne LUI reproche rien : un homme comme lui ne pouvait unir son sort à celui d'une ouvrière ! Pourquoi ai-je levé les yeux si haut ?...

LA VISITEUSE. — Pauvre femme !... Mais, dites-moi, si... si vous ne guérissez pas... cet enfant, ne voudriez-vous pas me confier ce soin charitable, me permettre d'accomplir cette bonne œuvre, à moi, de veiller sur lui ?

THÉRÈSE *(saisissant et pressant dans ses doigts la petite main placée sur le bord du lit)*. — Oh ! Madame, madame, comme je vous bénirais ! Il n'y avait qu'une mère...

LA VISITEUSE *(l'arrêtant)*. — Non... *(d'une voix oppressée)*. Le ciel m'a refusé cette joie ; mais, soyez tranquille... je n'en compatis que davantage à votre douleur.

THÉRÈSE *(comme en extase)*. — Alors, c'est vrai, c'est bien vrai ! Vous le protègerez, madame ! Il est si doux mon fils, si gentil, si beau... Tenez *(elle montre l'un des portraits sur la cheminée)*. Regardez !

La visiteuse se lève et s'approche de l'endroit indiqué. Mais au moment où elle vient de prendre le cadre, son regard se porte sur l'autre portrait : elle va pour le saisir, également, mais sa main retombe et, chancelante, elle n'a que le temps de retraverser la chambre pour s'écrouler sur sa chaise.

THÉRÈSE *(qui n'a rien remarqué)*. — N'est-ce pas, Madame, n'est-ce pas qu'il est beau, mon fils ?

LA VISITEUSE *(la gorge serrée, mais parvenant à surmonter son trouble)*. — Certes !... un bel, un très bel enfant... Il vous ressemble... mais *(se retournant malgré elle et montrant l'autre portrait)* ne ressemble-t-il pas aussi à...

THÉRÈSE. — Oui ! à son père !

LA VISITEUSE. — En effet, il m'avait paru... J'avais été frappée... Et, il ne vous a jamais donné de ses nouvelles ?

THÉRÈSE. — Non, madame, jamais, depuis le jour où il m'a quittée pour épouser une demoiselle noble et riche comme lui !

LA VISITEUSE. — Il était noble ?...

THÉRÈSE. — Un beau nom même !... Un *de*... mais j'ai peut-être tort de vous le dire ! Dans votre monde... si, par hasard, vous le rencontriez !

LA VISITEUSE *(vivement)*. — Je ne trahirais point un secret !

THÉRÈSE *(avec fierté)*. — Mon fils aurait pu s'appeler comme lui : de Saint-Ernant !

LA VISITEUSE *(se dressant toute pâle)*. — Il est tard déjà, je suis obligée de vous quitter; mais je reviendrai vous voir. *(Elle donne à la mère qui a tendu la main le portrait du petit)*. En attendant, demain, je vous enverrai mon médecin... Si... mais si, j'y tiens ! Quant à ma promesse relative à votre enfant, nous en reparlerons... de toute façon... car, même si vous vous rétablissez, comme je le souhaite, comme j'en suis persuadée, — je veux m'occuper de lui. Nous serons deux... *(se forçant à sourire)* deux à l'aimer !...

THÉRÈSE *(avec de grosses larmes de reconnaissance)*. — Et nous aussi, madame, nous serons deux à vous aimer !

LA VISITEUSE. — Allons ! courage ! et à bientôt.

Elle pose un billet de cent francs dans la main de la malade et se retire à reculons en regardant l'autre cadre qui reste — seul — sur la cheminée de bois noir.

II

Rue des Belles-Feuilles : l'hôtel des Saint-Ernant. Trois heures. Madame, qui est sortie après déjeuner, vient de revenir accompagné d'un garçonnet d'une dizaine d'années, tout vêtu de noir, et a prié qu'on avertit monsieur, dès qu'il rentrerait, qu'elle désirait lui parler.

MADAME *(assise dans un fauteuil du grand salon, feuillette devant l'enfant, debout près d'elle, un album d'images)*. — Cela t'amuse ?

L'ENFANT. — Oui, madame.

MADAME *(le menaçant du doigt)*. — Oh ! Encore ! Toujours alors ?

L'ENFANT *(se reprenant, avec une voix de caresse)*. — Oui, maman !

MADAME *(l'embrassant à plein cœur)*. — A la bonne heure !...

On frappe : monsieur pénètre dans la pièce, et s'arrête stupéfait sur le seuil.

MADAME *(se levant)*. — L'enfant dont je vous ai parlé, mon ami.

MONSIEUR. — Cet orphelin à qui vous vous intéressez tant !... *(Tapotant la joue du petit)*. Mais il est adorable, ce bambin !

MADAME. — N'est-ce pas ? Je suis sûre que vous allez en devenir fou, comme moi !

MONSIEUR. — Comme cela, tout de suite !

MADAME. — Pourquoi non ?... *(grave)*. J'ai fait à son sujet toutes les démarches nécessaires, et d'ici quelques années... si rien ne s'y oppose et si, d'ailleurs, il vous donne satisfaction... nous pourrions...

MONSIEUR. — Et je vous répète ce que je vous ai dit : il n'est point de sacrifice auquel je ne sois disposé pour resserrer les liens de tendre affection qui m'unissent à vous. *(A l'enfant)*. Comment t'appelles-tu ?

L'ENFANT. — Georges... Georges Lavenue !

MONSIEUR *(reculant d'un pas)*. — Lavenue ! Tu as dit... *(il considère alternativement sa femme et l'enfant)*.

MADAME. — C'est le nom de cette ouvrière ! Mais si vous le voulez bien, mon ami, nous n'insisterons pas devant lui ! Ce deuil est si récent ! *(Allant à lui et lui prenant la main)*. Eh bien ! remettez-vous : qu'y a-t-il là qui doive tant vous émouvoir ?... Georges !... *(frappée tout à coup d'une idée qui l'effraie)*. Vous ne m'en voulez pas, au moins ? Vous n'allez pas le séparer de nous ?

MONSIEUR *(se ressaisissant enfin)*. — Moi ! Moi ! T'en vouloir ! Moi ! *(Il entraîne sa femme près de la fenêtre, la contemple une minute et l'abat sur sa poitrine en murmurant)* : Oh, Madeleine ! Quelle belle âme ! Toi ! chez nous ! Mon... cet enfant... Tu as daigné, tu as consenti...

MADAME *(posant un doigt sur sa bouche pour lui recommander le silence, en se tournant vers l'enfant qui les regarde)*. — J'ai réparé, voilà tout !

Albert DELVALLÉ.

LE FAVORI

I

Une âcre odeur de tabac et de vin remplissait la salle. Malgré l'heure encore matinale les tables étaient presque toutes occupées ; devant le comptoir, des hommes buvaient debout.

Celle qui leur versait l'alcool empoisonneur était une toute jeune fille d'une mélancolique et timide beauté. A son air réservé, à son sourire contraint on la devinait gênée d'être là et peu faite pour le rôle qu'elle remplissait.

La plupart des buveurs avaient le visage glabre, les épaules un peu voûtées et les jambes ployantes des jockeys. Beaucoup parlaient anglais ; les voix rauques se répondaient mêlées de rires lourds.

Près de la porte d'entrée, aux côtés d'un buveur attablé, une grosse femme au visage couperosé, aux cheveux teints, prétentieusement parée de dentelles cotonneuses et de faux bijoux, se tenait penchée, parlant à mi-voix, onctueuse et souriante.

Le buveur impatient fit mine de se lever.

— Inutile que je m'attarde, madame Toumier... *il* ne viendra pas. Je regrette de vous avoir en pure perte fait part de mon idée... une de ces idées qu'on ne devrait jamais confier à personne sans être sûr.

La femme prit un air offensé.

— Voyons, monsieur Simonet, pour qui me prenez-vous ?... Est-ce que vous ne me connaissez pas ? La maman Toumier est une femme de confiance. D'ailleurs, acheva-t-elle avec un gros rire, vous avez si bien parlé, que j'ai autant que vous le désir de voir réussir notre petite combinaison.

— Je désire, vous désirez, nous désirons... Nous aurons beau conjuguer jusqu'à demain ce verbe-là : il s'en fiche de notre désir, votre imbécile de Jacques...

— Chut ! interrompit la commère, le voilà ! Je savais bien qu'il viendrait.

La porte s'ouvrait. Un jeune homme — visiblement un jockey, lui aussi — alla droit au comptoir.

— Bonjour, Mlle Alice, dit-il doucement.

Ses yeux, comme sa voix, mettaient dans ce bonjour une caresse.

Le joli visage de la jeune fille s'épanouit, une lumière de joie éclaira son regard ; elle répondit gaiement :

— Bonjour, Monsieur Jacques !... j'avais peur que vous ne veniez pas, acheva-t-elle à mi-voix, glissant vers Mme Toumier un regard inquiet.

Le jeune homme suivit ce regard.

— Tiens ? fit-il, Simonet le bookmaker... Est-ce qu'il vient souvent ici ?

— Quelquefois. — Bookmakers, jockeys, entraîneurs... c'est la spécialité de la maison, vous savez bien.

La grosse femme, à cet instant, disait à son interlocuteur :

— Regardez-les tous deux. Le pauvre garçon adore ma nièce, je vous dis ! Et il n'y a que moi qui puisse lui faire entendre raison. Je le connais : au fond c'est un nigaud, incapable de comprendre son intérêt. Jamais avec de l'argent on ne le ferait marcher ; tandis qu'en lui promettant Alice... Songez, voilà plus d'un an qu'il soupire après elle. Moi, n'est-ce pas, je rêvais mieux pour ma nièce que de lui voir épouser un jockey, jolie comme elle est !

Mais c'est une petite sotte, elle aussi, bourrée de préjugés.

Enfin, quoi ! Donnant, donnant. — Vous m'assurez ma part du profit — et moi j'accorde ma nièce à son amoureux...

Pouvez filer, maintenant, monsieur Simonet, je vous garantis la chose comme faite. Quand on a l'amour de son côté, voyez-vous... c'est couru !

... Dans l'éblouissement du grand soleil, au milieu du brouhaha de la foule, les chevaux qui doivent courir lentement défilent.

Courbé sur sa selle, les brides lâches, Jacques regarde le décor souvent déjà témoin de ses triomphes.

Les visages levés vers lui, le miroitement des toilettes claires, là-bas le va-et-vient grouillant du public de la pelouse, tout paraît au jockey indistinct, brouillé.

Il n'a pas bu, cependant. La griserie qui lui fait des yeux un peu fous et le pâlit jusqu'aux lèvres n'est pas la griserie du vin. C'est un trouble à la fois atroce et délicieux. l'angoisse de se sentir au bord d'un abîme où volontairement tout à l'heure il va glisser... et la joie affolante de se dire qu'enfin son amour triomphera.

Alice sera sa femme. Cette félicité qu'il désespérait d'obtenir ne dépend plus que de lui.

Jacques aujourd'hui est le roi de la fête. C'est à lui qu'est confié le soin de mener le favori à la victoire.

Facile victoire, en vérité.

Très en forme, proclamé gagnant par tous ceux qui se piquent de posséder d'infaillibles tuyaux, *Bric-à-Brac* doit arriver premier, « comme dans un fauteuil ».

La cote est énorme.

II

Le départ est donné.

En peloton serré, les chevaux s'ébranlent. D'abord c'est une mêlée confuse, puis les couleurs se séparent. Le blanc, le jaune, le rouge ou l'orange des casaques et des écharpes deviennent distincts.

— *Bric-à-Brac !... Bric-à-Brac !* clame la foule, *Bric-à-Brac*... Comme il veut !

Soudain là-bas, sur la pelouse au long de laquelle passent en cet instant les chevaux, les clameurs changent de tonalités.

Ce sont des oh !... prolongés, on frémit d'une immense déception.

Qu'a donc *Bric-à-Brac ?*... Voici qu'un autre le rattrape, le gagne... le dépasse !

Jacques devient-il fou ?... On dirait qu'il retient sa bête.

— *Bridge ! Bridge !* crient maintenant les voix.

« Si *Bric-à-Brac* laisse gagner *Bridge*, a dit ce matin Mme Toumier en entraînant Jacques à l'écart, ma nièce est à vous. »

Et Jacques, après une révolte de conscience, n'a plus songé qu'à son amour. Il a regardé Alice qui de loin lui souriait, ignorant l'ignoble marché dont elle est le prix... et il a promis.

Il tient parole.

Bric-à-Brac, la bouche sciée par le mors, ralentit... ralentit toujours !

A l'extrémité de la pelouse, si rapide que soit encore sa course, comme dans un éclair Jacques distingue au premier rang des curieux l'or pâle des cheveux d'Alice, ses grands yeux émus... et soudain il a honte de lui-même, honte d'avoir consenti pour l'amour d'elle à accomplir un acte qui lui ferait horreur.

Est-ce mériter son bonheur que de l'acheter en se déshonorant ?

Comment a-t-il pu consentir !... Gagner par un acte déloyal Alice, si pure, si droite !

Brusquement Jacques rend la main, la cravache siffle... Affolé, le cheval bondit, vertigineux, regagne du terrain... avance encore.

Et voici que l'instinct de son métier aussi revient au jockey, ajoute à ses remords, le rend fou de regret... Il est repris par la bonne, l'enivrante griserie de la victoire.

Oh ! ces cris, ces bravos, et puis là-bas, le but à atteindre !

Les lèvres serrées, les yeux fous, les tempes bourdonnantes, Jacques frappe toujours.

Soudain, les cris se changent en un grand

旗帜鲜明的反俄人士

1904年2月20日,《L'ILLUSTRATION》图文报导。小标题: 日本主战派。图说: 日本主要反俄的爱国联盟。他们身着欧式西装,但在外面披上稻草的披风,穿上日本传统农夫的草鞋，表达反俄的立场。俄国在甲午战争后，先是联合三国还辽，又在庚子事变后强占满洲，并拒绝履行撤兵承诺，在日本国内激起人民极大的反弹。民间的右派势力在1903年与对外强硬派组成“对俄同志会”,在日本各地宣传对俄开战,东京的媒体《朝日》、《报知新闻》、《每日新闻》也附和强硬派的主张，学术界则有著名的东京帝国大学的户水宽人等七博士拜访总理桂太郎要求对日开战，国内反俄气氛达到顶点。图中的反俄人士，内穿欧式西服，象征了日本脱亚入欧的心态，但外头罩上传统的披风、草鞋，则是不忘日本文化传统。

贤妻良母的动员

1904 年，《LE MONDE ILLUSTRE》图文报导。**小标题：长崎港的煤矿。图说：战时由日本妇女负责运送煤矿，提供机器运作的动力。**

日本在创建近代国家时，扬弃了妇女传统的“三从四德”，而提出“良妻贤母”的概念，教导女性把家庭生活理解为国家生活的一环，将生儿育女作为体现忠君爱国的大义，能够随时将丈夫孩子送上战场，并承担起所有家务，做一个称职的“军国之妻”。图中显示战时的日本妇女早已摆脱身着和服木屐的居家形象，而愿意绑上头巾，挽起袖子，为军舰搬运沉重的煤矿。但即使爱国之心再强烈，内心真实的情感终究是无法掩盖的，著名的女诗人大冢楠绪子就曾写下诗句：“一步思夫，二步思国，三步再思夫，女心堪可咎。”一抒日本女性心中爱国之理和爱夫之情的矛盾与冲突。

反俄声浪激荡

1904年2月20日,《L'ILLUSTRATION》图文报导。**图说：日本小孩的战争游戏（上图），日本国会众议院议长河野广中（左下图），反俄联盟的领导者大隈重信在一次集会中发言（右下图）。**这幅组图分别代表了日本国内不同的反俄场景，包含从小将俄国军队当成假想敌的孩童，还有日本国会领袖，也是主张对俄开战的国权派之一的河野广中。大隈重信则是明治时期著名的政治家，曾两度担任内阁总理大臣，他在所著的《开国五十年史》中主张甲午战争让日本走向“亚洲的日本”，而日俄战争则使日本成为“世界的日本”。大隈认为日本经过文明开化后，已经成为先进的国度，对东方国家应该担任西方文明的传播者，对西方国家则是扮演东西文明的媒介，因此日本有高度的使命在中国与朝鲜面临危机时，代表亚洲人抵御俄国的侵略。

Ecoliers japonais jouant à la petite guerre. — Croquis d'après nature.

举刀冲杀的日军步兵

1904年2月20日,《L'ILLUSTRATION》图文报导。**图说：韩国仁川港，日军于海战中攻击了俄军瓦良格号与高丽人号战舰（上图）。日本步兵以刺刀发起冲锋（下图）。**日本士兵敢于牺牲，坚强的意志与誓死完成任务的精神，成为日军最大的优势，日俄战争中随同日本军观察作战的英国中将汉弥顿形容他眼中的日本军人：“纯真如赤子，勇猛如狮子，一心只想恪尽对祖先与天皇的义务。”下图中的日军步兵明知前方等待他们的是无情的炮火与杀伤力极强的机关枪，仍然毫不犹豫地拔出刺刀，全身散发出仇恨的杀气往俄军阵地冲去。

Tchemoulpo, port de Séoul, où le « Varyag » et le « Koreïetz » ont été attaqués et coulés et où les armées japonaises opèrent leurs débarquements depuis le 9 février.

TCHEMOULPO

Le 9 février, l'escadre japonaise s'était portée devant Tchemoulpo, ville de 20.000 habitants, située sur la côte ouest de la Corée, à 40 kilomètres en ligne droite et à 70 kilomètres par chemin de fer de Séoul, la capitale, dont elle est le débouché maritime. Dans ce port ouvert au commerce se trouvaient six navires étrangers, dont deux battant pavillon russe : le croiseur protégé *Varyag* et la canonnière *Koreïetz*. Nous relatons plus loin leur fin glorieuse après une lutte inégale.

A la suite de ce combat naval. les Japonais commencèrent à débarquer à Tchemoulpo des troupes dont une partie occupait la ville, tandis que le gros campait aux environs et qu'une colonne était dirigée sur Séoul. D'après une dépêche adressée à l'empereur, à la date du 15, l'amiral Alexeief évaluait l'effectif total de ces troupes à 19.000 hommes.

Mais il est à présumer que, depuis, cet effectif s'est considérablement augmenté. D'autres contingents ont débarqué successivement dans les principaux ports du sud et de l'ouest de la Corée Ils ont fait, en outre, sur divers points de la côte de Mandchourie des tentatives de débarquement, notamment à Dovebay (Baie du Pigeon), où ils ont été repoussés avec des pertes sérieuses.

L'INFANTERIE JAPONAISE

Au moment où va s'engager entre les belligérants la guerre « de terre », dont l'issue peut être décisive, on est tout naturellement amené à se demander quelle est la valeur du soldat japonais et plus particulièrement du fantassin.

Citons, à ce sujet, l'opinion du général Pédoya, ancien commandant du 16e corps d'armée, opinion très autorisée, fondée sur les observations qu'il a eu l'occasion de faire pendant la guerre du Japon avec la Chine :

« L'infanterie japonaise a été remarquable et, en toutes circonstances, pleine d'entrain et d'audace. Est-elle à l'avant-garde, elle cherche à attirer sur elle tous les efforts de l'ennemi pour permettre au gros de l'armée de manœuvrer et de choisir son point d'attaque. Les positions fortifiées mêmes n'arrêtaient pas son élan; elle en a donné la preuve dans le combat de Ping-Yang, ou encore près du fleuve Tatong, à l'attaque de la position de Talien-Ouan, qui peut être considérée comme la porte de Port-Arthur du côté de la mer. Les colonnes, sous les ordres du général Nosi, s'avancèrent résolument contre des ouvrages fortifiés, sans attendre le concours de l'artillerie.

» Les Japonais aiment les attaques de nuit; celle exécutée par le général Ostima au combat de Seïkan peut être donnée comme exemple. Elle fut conduite suivant les règles de la tactique; elle fut précédée de reconnaissances soigneusement faites, le secret le plus absolu fut gardé sur l'opération et, tandis qu'un combat démonstratif maintenait l'ennemi sur ses positions, une autre colonne manœuvrait pour venir tomber sur son flanc. Le succès fut complet.

» C'est d'ailleurs la tactique constante des Japonais : combat démonstratif d'un côté et coup de massue de l'autre. Ils poussent l'offensive jusqu'à la témérité. En toutes circonstances, les Japonais font preuve d'initiative et d'esprit de résolution... »

Tels sont les soldats nouveaux appelés à se mesurer sur terre avec les Russes, qui sont, eux aussi, — et ils l'ont prouvé de longue date, — de rudes et redoutables soldats.

INFANTERIE JAPONAISE CHARGEANT A LA BAIONNETTE

跨洋归来的志愿兵

1904年4月9日，《L'ILLUSTRATION》图文报导。**小标题：日俄开战后由美国搭船前往中国的日本志愿者。**图中即使远在美国的日本侨民，听到战争的消息及国内如火如荼的动员令，仍自愿搭渡轮直接横渡太平洋到中国参战，旧金山港送行的家属激动地向亲人挥手道别，图左方已上船的乘客紧紧抱住群众挥舞的日本旗帜，庆幸自己效忠国家的时刻终于到来。孙子兵法有云：“上下同欲者，胜。”中国的《新民丛报》便记载了当时日本由下到上投入战争的热情，一般民众愿意为了战争“典时计、典衣服、典田宅、典簪珥以报效军事献金者项背相望”，充分表现日本上下一心，全力求胜。

等待胜利的消息

1904 年 4 月 9 日，《LE MONDE ILLUSTRE》图文报导。**图说：日本民众热切地在东京最重要的报社前等待旅顺战役的最新消息。**日俄开战后，日军连连告捷，人民也沉浸在爱国的喜悦中，每天都期待从前线捎来的好消息，图中不论中西式穿着的百姓都焦急地围在中央新闻社前观看新的公告，图左下方的派报生，右手拿着一整摞的公告，左手也迫不及待地抽出一份先睹为快。但当时日本这种“一份一钱”的大众报纸，却被国际媒体质疑大部分都是夸大不实的信息，英国《泰晤士报》就曾认为“报纸满满一栏，精彩万分的战况详报，其实不过二十字乃至三十字之电报”。

日军舰队

1904 年，《LE MONDE ILLUSTRE》图文报导。**小标题：日军的舰队**。日俄战争开战前，为了赶上和俄国的实力差距，除了原先的“六六舰队”方案，日本又紧急追加了“三三舰队”的扩张案，整体的海军战备已在俄国太平洋舰队之上，日俄战后，由于俄国主力舰多被俘或损毁，日本的世界海军实力排名也上升到世界第四，俄国则由第三跌落至第六。本图中日本海军较重要的船舰包含了主力的敷岛号（左图上方）及三笠号（右图第三列最右方）战舰，为当时世界最大的战舰，以及日军的装甲巡洋舰常磐号（左图第一列右方）及吾妻号（左图第二列）。

68 LE MONDE ILLUSTRÉ

NOUVEAUX NAVIRES JAPONAIS EN SERVICE

Croiseur *Shikishima*. — Croiseur de 2e classe *Itsukushima*. — Croiseur torpilleur de 1re classe *Hayafusa*. — Croiseurs *Takasage-Trikuspi*..

MODÉLES DE BATIMENTS BLINDÉS DE LA FLOTTE JAPONAISE DE L'EXTRÊME-ORIENT

Croiseur la *Chine*. — Croiseur de 1re classe *Tokiwa*. — Vue du pont du cuirassé l'*Azuma* sans son dock à Nangazaki. — Croiseur *Chitose*. — Croiseur *Mikassa*

民众送行满洲军总司令大山岩

1904 年 8 月 20 日，《L'ILLUSTRATION》图文报导。**图说：日本民众挤满新桥车站，为日俄战争满洲军总司令官大山岩及军队送行。**大山岩为日本著名将领，他早在普法战争时便被派往欧洲勘查战场，并前往法国留学，历任陆军上校、陆军卿等职，1892 年被升为大将，在中日甲午战争中攻占旅顺、金州、威海卫等要地，屡立战功被封为侯爵，并授元帅衔，隔年担任日军参谋总长。1904 年日军增兵东北成立满洲军总司令部，天皇舍弃声望最高的山县有朋，执意任命大山岩为总司令，且充分授权，从此前线军队指挥不需受东京的遥控，大山岩得以临机制敌，在后续的陆战大破俄军。战后大山岩与日本海军统帅东乡平八郎齐名“陆的大山，海的东乡”，足见其在国内的人望。图中日本民众为了送行大山岩及满洲的增援部队出征，把新桥车站挤得水泄不通，人们冒着艳阳在道路两旁争睹一代名将的庐山真面目。

惨烈的大海战

1904年2月5日，带着海军大将山本权兵卫封缄密令的参谋登上联合舰队司令官东乡平八郎的旗舰，密令一送达，海军部的启封命令也到了，东乡读完命令的内容，了解政府已决定采取“自由行动[1]”保护帝国在满洲及朝鲜的利益，而命令本身更加简单明了：“全歼东洋俄国舰队。”文字如此，无待多言，东乡随即召开作战会议，发布了旅顺的突袭计划，这是一个极为大胆的举动，要用日方所有能用的小吨位驱逐舰，凭借着夜色，一次挑战旅顺与大连所有的俄军主力舰队，不宣而战。

夜袭当天是俄国的圣烛节，也是关东州总督兼太平洋舰队司令斯塔克中将妻子的命名日，在这个双喜临门的日子，斯塔克中将邀请了俄国在远东的政商名流一起举办了盛大的宴会，在俄国人狂欢举杯庆祝的同时，日军突袭的指挥官浅井正次郎下令各舰发酒，列队于甲板等待出击的日本水兵们，同声高呼“万岁”，一饮而尽，旗舰“三笠号”发出信号：“天佑此战成功，雷击舰队进击[2]！”在一阵炮击的混乱中，派对上的俄军开始还以为是施放烟火，等到回过神来，却已经难以瞄准这些近在眼前，却灵活异常的日本驱逐舰队，俄国一艘巡洋舰及两艘主力舰被鱼雷严重破坏，揭开旅顺港系列海战的序幕。

和旅顺夜袭部队一起离开日本佐世保港的，还有日本联合舰队第四战队，他们负责歼灭俄军在仁川的两艘巡洋舰，并护送进攻首尔的陆军第一军运兵船安全登陆。日军先炮击其中一艘准备运送机密公文到旅顺的俄国军舰高丽人号，逼迫其回到仁川港，在陆军登陆仁川完毕后，日军瓜生外吉司令给予向仁川港内势单力薄的两艘俄国孤舰发出最后通牒，但俄军决心出航接受挑战，巡洋舰“瓦良格号”的舰长鲁德涅夫甚至放话：“我们绝不向黄猴子低头，即使有去无回，俄罗斯帝国海军的尊严不容践踏。”但光靠勇气毕竟无法突破整个日本舰队的优势火力，双方交火二十分钟后，俄国两艘巡洋舰死伤惨重，拖着残躯回到仁川港的锚地，一艘爆炸，另一艘自沉，结束了仁川海战。

画面拉回旅顺港，为求一举获得制海权，及掩护陆军的登陆作战，日本联合舰队连续对旅顺港发起八次攻击及三次闭塞作战，除了不予俄军喘息的连续性攻击计划，日军也以敢死队驾驶商船或其它小船冲入旅顺港口，企图堵塞舰队出海的航道。3月初俄国任命号称世界三大海军名家的马卡洛夫为远东舰队司令，接替无能的斯塔克，双方交锋互有损伤，但马卡洛夫误中日军水雷阵亡。5月初，日军为掩护陆军的鸭绿江登陆作战，不惜再次以大量牺牲为代价进行第三次旅顺闭塞作战，终于暂时成功阻碍俄国大型军舰的通航。

当日军成功登陆辽东半岛后，俄国总督以中国帆船带来新的命令，要求旅顺港内的俄军太平洋舰队强行突破日军封锁，前往海参崴，避免旅顺陷落后舰队的全军覆灭。接替马卡洛夫的舰队司令是费特吉夫特，他勉为其难地宣布了总督的命令，悲观地和部属们说："假如这次突围能打沉东乡几艘军舰，就算对波罗的海舰队有帮助了。"抱着必死决心的司令，甚至带上了医务船同行，所有官兵都认为大难临头，此次突围必定有去无回[3]。8 月 10 日，接到俄舰出港战报的东乡元帅，决定把握机会一举歼灭旅顺港内的舰队，特别等到俄军舰队离开港口相当距离后才开始攻击，到了黄昏之际，俄军舰队司令战死，各舰重伤，四散逃命，史称"黄海海战"。

旅顺俄舰出港前，曾经将突围计划电告海参崴，海参崴舰队司令得知后便派遣三艘装甲巡洋舰前往接应，但却不知旅顺舰队已于黄海海战中全军覆没，日军第二舰队接着在蔚山海面发现海参崴的舰队，激战三十分钟，俄国三舰皆起火燃烧，力战不屈的俄舰"留力克号"在日军围攻下沉没，黄海海战与蔚山海战彻底摧毁了俄军远东舰队的战力，也使得后来驰援的第二太平洋舰队完全陷入孤立的状态。

开战后俄军接连吃下败仗，俄国政府先在 4 月底以波罗的海舰队的主力筹组了第二太平洋舰队，由时任海军参谋长的罗杰斯特文斯基担纲司令，8 月底俄国的宫廷展开了是否增援的最后辩论，终于在 10 月 15 日开始了一万八千海里的海上长征，这也打破了世界海军史上最远的行军纪录。美国媒体准确地形容了这场即将到来的决战的重要性："罗杰斯特文斯基与东乡交战的结果，关乎战争的全局。如果东乡获胜，则日本就奠定了赢得日俄战争最后胜利的基础，一跃成为世界第一流列强之林。与此相反，若是俄国舰队战胜，就可以夺走日本海的制海权，切断驻守满洲的日本陆军的补给线，俄国就将一举挽回颓势，使其即将衰落的国运重新复苏[4]。"

俄军舰队分作两部，主力绕行好望角，而吃水较浅的支部则由苏伊士运河通行，主力舰队沿路受到与日本同盟的英国的刁难，只能在法国及德国的属地进行补给，真正到达远东时，已经是兵疲马困。

同时，这场战争的价值也不止一次地在罗杰斯特文斯基的心中击沉，在旅顺港失陷后，部下军心大为浮动，他曾数度考虑返航，但作风强硬的他忍了下来，他对部下说："如果我们不将舰队开到远东，俄罗斯帝国将颜面何存[5]？"这场仗对他来说已经不是在追求胜利，而只是了却对国家的义务，诚如一个俄国水兵的日记记载："没有人期望能打败日本人，想必连中将自己都不抱那种念头，我认为他只是想着将舰队带到海参崴，尽到他对皇帝的职责。也许我继续服从命令的最大动机，是想这一切能有个了结，不论是胜利还是毁灭[6]。"

1905年5月27日13时49分，日俄海军的最后决战在对马海峡展开，两军几乎同时拉响了战斗警报，而东乡司令为了掌握炮击的时机，不惜以自己所在的旗舰为赌注直接进行定点转向，首当其冲地面对俄军全部舰队的枪林弹雨，争取全军转向布阵所需要的关键十五分钟，史称"敌前大回头"。这是俄军最好且唯一的机会，因为在这段时间内，日本舰队战斗序列的所有船舰都需要通过固定的转弯点，俄军几乎只要对准就能命中，而为了维持队形，经过的日舰也无法还手，面对四射的炮火，东乡坚持站在舰桥上亲自指挥，直到被炮弹碎片击中，才被部下七手八脚地抬入司令塔内。

当日军完成转向列阵，情势也瞬间逆转，开战24小时后，俄国舰队中22艘军舰被击沉，7艘被俘，6艘逃进中立港被扣押，俄军战死、烧死、淹死者超过5000人，被俘虏6142人。日军却只损失了三艘水雷艇，死伤700人。这一天就此成为日后日本每年大肆庆祝的"海军日"，也同时象征了沙俄帝国舰队的末日。

当对马海战战败的消息传回俄国国内，沙皇表面上无动于衷，却被侍卫发现他像个孩子一般无力地在御花园中拿气枪打乌鸦泄愤，而已经被免职的阿列克谢耶夫海军上将则和情妇坐在圣彼得堡的豪华剧院包厢中观赏芭蕾舞，剧院里的人们对他发出可怕的嘘声："从俄国滚出去，你身上戴的不是宝石，而是我们沉了的巡洋舰和主力舰[7]！"

注：

1、OCT (2011.05). 日俄战争——开战背景及海战始末 . 台北市，知兵堂，114页

2、同上注，125页

3、实践学社编 (1964.05). 日俄战争研究，实践学社，149页

4、阎京生 (2007). 菊花与锚——旧日本帝国海军发展史 . 台北市，知兵堂，134页

5、同注1，303页

6、同上注，360页

7、同注4，138页

俄军海参崴舰队出击（见86-87页）

1904年5月15日，《Le Petit Parisien》增刊图文报导。彩色石印画一幅。**图说：俄军海参崴舰队击沉日军运输船金州丸号**。日俄开战之后，俄国海参崴的四艘巡洋舰时常以破冰船开道，出海袭击日本海上的日军商船或运输船，给日军造成极大的威胁。本图描绘了俄军海参崴舰队第二次出击，击沉了日军陆军运输船“金州丸”，幸存的日本陆军士兵被俄军以小艇救起后成为俘虏，而当日本第二舰队指挥上村彦之丞出兵迎战时，俄军的舰队却巧妙利用宗谷海峡的大雾得以逃脱。

日军拼死封锁旅顺港

1904年，《Le Petit Parisien》增刊图文报导。彩色石印画一幅。**小标题：旅顺港的激烈战斗**。图中的日军船队企图冲入旅顺港的水道自沉，却遭到俄国军舰猛烈的攻击，日军不畏牺牲，只求顺利阻塞旅顺港航道，妨碍俄军舰出入。在俄国曾有这样的记载：“可惊者，乃敌人之沉着态度，其从容达成任务情形，实可惊叹。其第一船不久即被击沉，当时集合在船头的乘员，在齐声高呼万岁之下，从容赴死，消失踪迹。继之，第二、三、四各船也被击沉，第六船沉于稍偏南方，第七船因受探照灯眩惑，而搁浅于浅滩上，第八船不知沉于何处，有换乘小船之敌兵，航向海面，受集中炮火，逐渐倒下，小舟上多为尸体。又一搁浅在黄金山下汽船之水兵，我兵劝其投降，彼反握手枪冲锋，另一汽船水兵，拒绝我方之收容与救助。”

日舰夜袭行动

1904年2月21日，《Le Petit Journal》增刊图文报导。彩色石印画一幅。**小标题：2月8日日俄开战。图说：俄国巡逻舰队发现预备袭击的日军鱼雷舰。**俄军对于日军发动的旅顺夜袭并非没有事先预防的机会，图中描绘了日军夜袭舰队和俄军巡逻舰队的首次目视接触。2月8日晚上11时左右，日军领航的“白云号”远远地看见俄军巡逻舰队的灯火，而且发现自己的行进路线将和他们撞个正着，只好紧急转舵规避，使得日本舰队阵形大乱，但俄舰竟然并未开炮示警，只装作没看见，原来俄军旅顺守将斯塔克中将为了晚上举办的舞会，命令巡逻的舰长若发现不明舰艇，只能在核实身份后回报，不得开炮射击，以免被错误的警报扰了自己的兴致，而当俄军巡逻舰长在黑夜中识别出日军至少七艘鱼雷舰时，他便决定不开炮，只开回旅顺报告，这样不但符合长官命令，也能保住自己的小命，却错过了俄军躲避偷袭的大好时机。

Le Petit Journal

Le Petit Journal
CHAQUE JOUR — SIX PAGES — 5 CENTIMES
Le Supplément illustré
CHAQUE SEMAINE 5 CENTIMES

5 Centimes SUPPLÉMENT ILLUSTRÉ 5 Centimes

Le Petit Journal QUOTIDIEN, 5 cent.
L'AGRICULTURE MODERNE, 5 cent.
Le Petit Journal militaire, maritime, colonial, 10 c.
La Mode du Petit Journal, 10 cent.
On s'abonne sans frais dans tous les bureaux de poste

ABONNEMENTS

	SIX MOIS	UN AN
SEINE ET SEINE-ET-OISE	2 fr.	3 fr. 50
DÉPARTEMENTS	2 fr.	4 fr.
ÉTRANGER	2 50	5 fr.

Quinzième année — DIMANCHE 21 FÉVRIER 1904 — Numéro 692

8 FÉVRIER 1904. — OUVERTURE DES HOSTILITÉS ENTRE LA RUSSIE ET LE JAPON
Un coup de force des torpilleurs japonais contre l'escadre russe à Port-Arthur

俄舰长沉没前的呐喊

1904年3月6日，《Le Petit Parisien》增刊图文报导。彩色石印画一幅。**小标题：再见了，我的孩子，俄舰叶尼赛号指挥官牺牲。**根据俄军1905年海军年鉴记载，2月12日俄国水雷运输船叶尼赛号在旅顺口外进行布雷作业时，被海流卷入自己刚布下的雷区，导致船上69人丧生。图中“叶尼赛号”在中雷后船体已严重毁损，汹涌的海潮无情涌入，几乎已经将甲板吞噬殆尽，舰长先安排生还的士兵乘坐小艇逃生，但却决定自己要与船舰共存亡，在淹没入无尽深蓝的前一刻，舰长挥手向着形同子女的部下们大喊：“再见了，我的孩子！”

Seizième année. — Nº 787.　　Huit pages : CINQ centimes　　Dimanche 6 Mars 1904.

Le Petit Parisien

TOUS LES JOURS
Le Petit Parisien
(Six pages)
5 centimes
CHAQUE SEMAINE
LE SUPPLÉMENT LITTÉRAIRE
5 centimes

SUPPLÉMENT LITTÉRAIRE ILLUSTRÉ

DIRECTION : 18, rue d'Enghien (10e), PARIS

ABONNEMENTS
PARIS ET DÉPARTEMENTS :
12 mois, 4 fr. 50. 6 mois, 2 fr. 25
UNION POSTALE :
12 mois, 5 fr. 50. 6 mois, 3 fr

LA GUERRE RUSSO-JAPONAISE

Mort héroïque du Commandant de l'« Iénisséi ». — Adieu mes Enfants !...

月色下的日军突袭舰队（见 92–93 页）

1904 年，法国画刊图文报导。**小标题：2 月 9 日的日出。图说：在旅顺港外围，日本驱逐舰趁着月色笼罩海岸逐渐接近，在俄军毫无开战准备下以鱼雷给予奇袭。**图中日军负责夜袭旅顺的三个舰队，由浅井正次郎大佐率领，总计出动了十艘驱逐舰，在漆黑的夜色下沿着海岸，小心翼翼地向目标接近。为了一击成功，舰队严格执行灯光管制命令，船与船之间仅用微弱的红色船尾灯维持安全距离。为了加强隐蔽性，日军还特别在灯上加装桶型的遮光罩，让只有站在船尾后方的人才能看见，另外还特别选用英国进口的“威尔斯无烟煤”，减少燃烧不充分可能产生意外的火星。这样死一般的寂静，只有在日军舰队准备分头袭击旅顺和大连时才短暂地被打破。

日本战舰上的大炮操作

1904 年，《Le Petit Journal》增刊图文报导。彩色石印画一幅。**小标题：战争现场。原图说：日本战舰上的大炮操作。**日本联合舰队司令东乡平八郎曾说过一句名言：“一门百发百中的大炮胜过一百门百发一中的大炮。”这句话也成为日本海军的训练目标，但现实常常事与愿违，日本海军最大的弱点就是炮术，而积弱的原因正是缺乏实弹训练。日本虽然通过《马关条约》和《辛丑条约》获得中国大笔的战费赔偿，但购买炮弹和使用炮弹却有所不同，当时主力舰“三笠号”12 英寸主炮的一颗炮弹成本就超过了一百个日本家庭一整个月的开销，演习还得耗费额外的煤炭作为动力，因此日军平时只能靠模拟的小口径短管炮练习，以至于在面对俄军太平洋舰队时命中率不佳，只能取得惨胜。面对即将到来的俄军波罗的海战舰主力，东乡才决定痛下血本，每天持续实战炮术操演达 4 至 5 个小时，加上之前海战的使用，总计消耗了日本国内炮弹储备的半数来苦练炮术，才确保了对马海峡总决战的胜利。

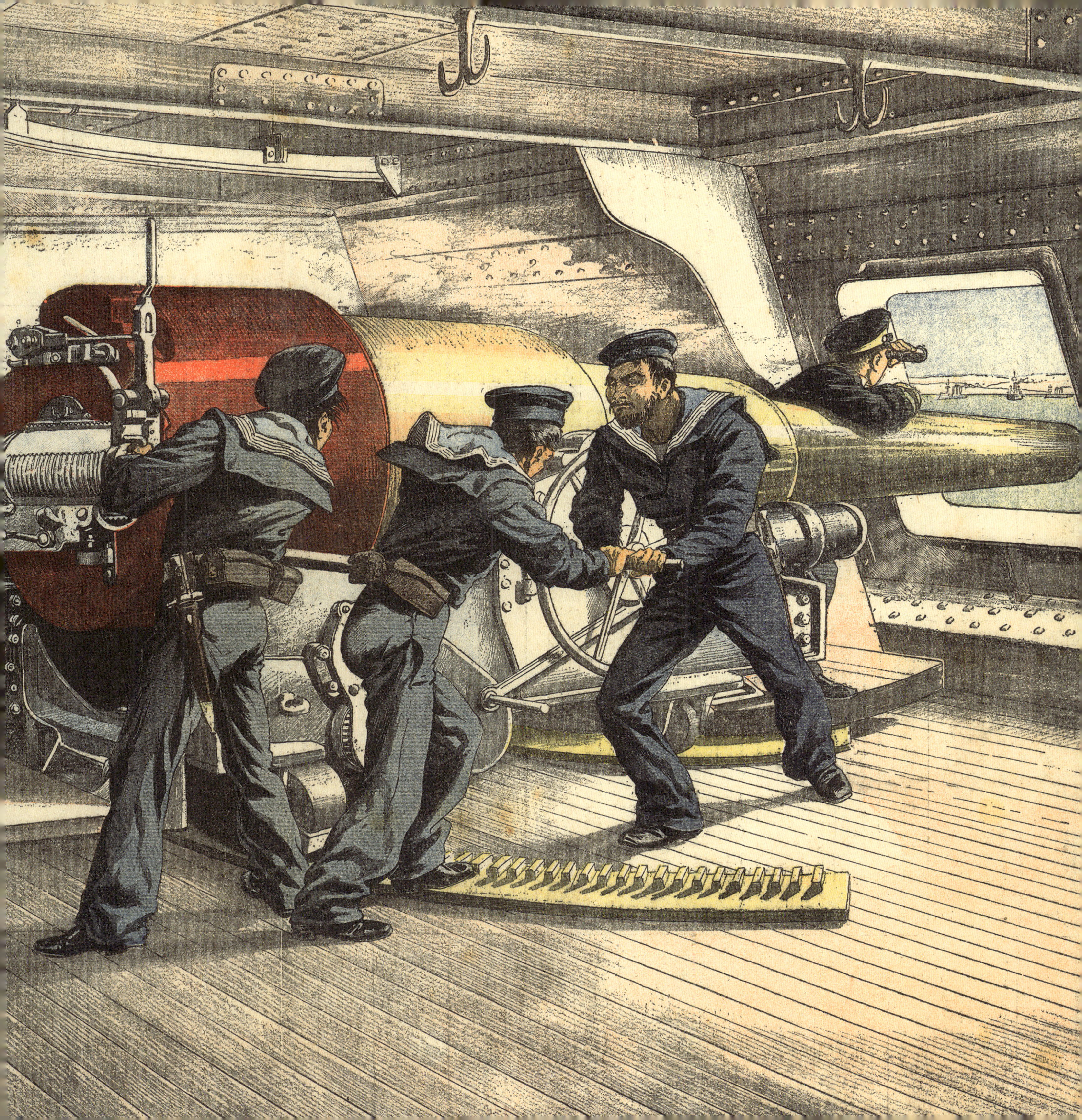

俄军旗舰触雷沉没

1904年4月24日，《Le Petit Journal》增刊图文报导。彩色石印画一幅。**图说“彼得罗巴甫洛夫斯克号”马卡洛夫司令及六百名水手战死。**4月12日夜，日军布雷舰“兴隆丸”在旅顺港外布下了水雷区，返航时却有一艘脱队的俄军驱逐舰意外混入了日军队伍，隔天清晨马卡洛夫立刻派遣战舰前去救援，并亲自率领旗舰迎击日军联合舰队，东乡计划诱敌深入，但被马卡洛夫识破，俄军撤退返航，东乡掉头率舰追击，将马卡洛夫引入新布设的雷区，在旅顺外港区2海里外，马卡洛夫所在的旗舰“彼得罗巴甫洛夫斯克号”一头撞上水雷，而且位置正好在前主炮水线下方，进而引爆了弹药库，舰上31名军官和超过600名水手当场死亡，其中包括马卡洛夫司令本人。

Le Petit Journal

Le Petit Journal
CHAQUE JOUR — SIX PAGES — 5 CENTIMES
Le Supplément illustré
CHAQUE SEMAINE 5 CENTIMES

5 Centimes SUPPLÉMENT ILLUSTRÉ 5 Centimes

Le Petit Journal QUOTIDIEN, 5 cent.
L'AGRICULTURE MODERNE, 5 cent.
Le Petit Journal militaire, maritime, colonial, 10 c.
La Mode du Petit Journal, 10 cent.
On s'abonne sans frais dans tous les bureaux de poste

ABONNEMENTS

	SIX MOIS	UN AN
SEINE ET SEINE-ET-OISE	2 fr.	3 fr. 50
DÉPARTEMENTS.........	2 fr.	4 fr.
ÉTRANGER..............	2 50	5 fr.

Quinzième année — DIMANCHE 24 AVRIL 1904 — Numéro 701

LE « PETROPAVLOSK » TORPILLÉ
Mort de l'amiral Makharoff et de 600 marins russes

俄海军的将星陨落

1904年5月1日，《Le Petit Parisien》增刊图文报导。彩色石印画一幅。**小标题：“彼得罗巴甫洛夫斯克号”惨剧，马卡洛夫司令及六百名水手战死。**4月13日上午9点45分，马卡洛夫率领的旗舰误中日军水雷而沉没，根据另一艘俄军战舰“波尔塔瓦号”舰长谢米诺夫上校事后的回忆：“我听到至少三次的爆炸声……旗舰上几乎所有东西都飞上了天，送风筒、烟囱、桅杆、起重机、甚至是主炮塔和指挥塔”，可见爆炸惊人的威力。随着马卡洛夫登上旗舰的还有皇室中的西瑞尔亲王，作为最靠近马卡洛夫的生还者，在他的印象中，爆炸发生时马卡洛夫正身先士卒地站在指挥台上，但之后的救援行动中，却只捞到他的外套。在旗舰发生意外后，悲伤的海军士兵感叹为何炸死的不是贪生怕死的皇亲国戚，而是众望所归的指挥官，“巴扬号”舰长心酸地回答：“黄金总是沉入海底，漂在海面上的只有马粪。”

Seizième année. — N° 795. Huit pages : CINQ centimes Dimanche 1er Mai 1904.

Le Petit Parisien

TOUS LES JOURS
Le Petit Parisien
(Six pages)
5 centimes
CHAQUE SEMAINE
LE SUPPLÉMENT LITTÉRAIRE
5 centimes

SUPPLÉMENT LITTÉRAIRE ILLUSTRÉ

DIRECTION: 18, rue d'Enghien (10e), PARIS

ABONNEMENTS
PARIS ET DÉPARTEMENTS:
12 mois, 4 fr. 50. 6 mois, 2 fr. 25
UNION POSTALE:
12 mois, 5 fr. 50. 6 mois, 3 fr

LA GUERRE RUSSO-JAPONAISE

La Catastrophe du «Petropavlosk». — Mort de l'Amiral Makharoff. — 600 Marins noyés

悼念名将马卡洛夫

1904年，《Le Petit Parisien》增刊图文报导。彩色石印画一幅。**图说：纪念“彼得巴甫洛夫斯克号”战舰伤亡官兵的仪式上，沙皇亲自向殉职的舰队司令马卡洛夫的遗孀表示哀悼。**在腐败、僵化、官僚的俄国海军体制下，马卡洛夫堪称一位足以力挽狂澜的杰出将领，他多才多艺，除了身为一名优秀的军事家，还集作家、海洋学家、发明家各种能力于一身。在日本偷袭旅顺港后，俄军两艘主力舰及一艘巡洋舰遭到重创搁浅，另一艘主力舰“胜利号”也在后续日军的攻击中被毁大半，而屋漏偏逢连夜雨，旅顺码头和船厂的工人因不满剥削同时进行全面性的罢工，俄军太平洋舰队形同瘫痪。马卡洛夫上任后立即重新整顿军纪、安排人事，协调港区工人和整建旅顺的海陆防御工事，一周内便使舰队焕然一新、士气大振，然而个人的才干终究不敌整体的战局。马卡洛夫战死后，俄国政府追封其为上将，包括美国总统、法国外长及英、法的海军大臣都向马卡洛夫的遗孀发出唁电，甚至连日本政府也发文表示悼念。

旅顺的水雷防御工事

1904年，法国画刊图文报导。彩色石印画一幅。**小标题：旅顺港外的水雷布防。**水雷由于在战场上具有强大的攻击力，同时难以预测，为日俄海战当中最重要的战略方法之一。双方都曾因为误触雷区而受到惨重的损害，雷区位置的铺排与如何诱敌深入的计谋，成为两军将领智斗的关键所在。图中描绘的是日军“初濑号”战舰即将碰触到旅顺港周围所布水雷的前一刻，此舰为日本明治政府“六六舰队”计划中重金打造的六艘主力舰之一，触雷沉没后让日本海军损失极大，因此将该日称为“帝国海军灾祸日”。

ДЕПО ЧАСОВЪ
C M SCHRODER
PIANOS
РОЯЛИ
К М ШРЕДЕРЪ

瓦良格号的悲剧英雄

1904 年，《La Vie Illustrée》增刊图文报导。图说：**仁川海战瓦良格号及高丽人号的俄军回国，在圣彼得堡繁华的涅夫斯基大道受到民众热烈欢迎。**“瓦良格人”意为“维京人”，瓦良格人不仅骁勇善战，更善于航海及贸易，其中一支更成为俄罗斯人的起源，对于俄罗斯民族而言有特殊的历史意义。瓦良格号战舰由美国打造，是俄国第一艘装甲巡洋舰，当俄国人民听到“瓦良格号”在仁川海战寡不敌众、英勇自沉的消息，皆肃然起敬，这也成为俄国政府对内动员的最佳题材。本图描绘仁川海战中“瓦良格号”及“高丽人号”的官兵由前线回到圣彼得堡，受到民众空前的欢迎，沙皇政府还特别为其在最热闹的涅夫斯基大道上举办盛大的游行，从此“瓦良格号”也就此成为俄军英雄的代名词。从 1951 年著名的苏联电影《瓦良格巡洋舰》的主题曲歌词，可看出俄国人民对这艘名舰的怀念之情：“从最高舰桥上走向战斗，大家要勇敢消灭敌人，为祖国在海上壮烈死去，发扬我海军传统的精神，再会吧！弟兄们祖国万岁，海水在脚下滚滚流去，昨日里海上还安然无事，今天我们要慷慨地牺牲，四周在咆哮着，天地昏沉，分别的刹那就要来临，为保持祖国的军旗光荣，我们要战斗到最后。”

日军在旅顺港的奇袭

1904年10月16日，《Le Petit Parisien》增刊图文报导。彩色石印画一幅。**图说：旅顺港日军的大胆尝试。**图中描绘日军以鱼雷艇偷偷驶入旅顺港内，一名日军士兵藉机攀爬到港口木造工事的支架上，手中还抱着一枚鱼雷，此时被旅顺港内的俄国军舰发现，先以探照灯锁定位置，接着一阵扫射，溅起点点水花。日军在第二次世界大战时为了挽回颓势，甚至组成了专门进行鱼雷自杀攻击的敢死队，为普通鱼雷加上操纵装置，直接冲撞敌舰并引爆，称为“回天”鱼雷。

Seizième année. — N° 819. Huit pages : CINQ centimes Dimanche 16 Octobre 1904.

Le Petit Parisien

TOUS LES JOURS
Le Petit Parisien
(Six pages)
5 centimes
CHAQUE SEMAINE
LE SUPPLÉMENT LITTÉRAIRE
5 centimes

SUPPLÉMENT LITTÉRAIRE ILLUSTRÉ

DIRECTION : 18, rue d'Enghien (10e), PARIS

ABONNEMENTS
PARIS ET DÉPARTEMENTS :
12 mois, 4 fr. 50. 6 mois, 2 fr. 25
UNION POSTALE :
12 mois, 5 fr. 50. 6 mois, 3 fr

AUDACIEUSE TENTATIVE CONTRE LA FLOTTE DE PORT-ARTHUR

俄军击沉日军封锁船

1904年3月13日，《Le Petit Parisien》增刊图文报导。彩色石印画一幅。**图说：四艘日本运输船在旅顺港前被击沉。**日军作战规划的关键在于制海权的取得，由于日本陆军需渡海前往大陆作战，没有制海权，则不会有后续的陆上作战，所以日军甘冒不宣而战的恶名，只希望一举消灭俄军的主力舰队，但在偷袭旅顺未竟全功后，东乡元帅将目标改为封锁旅顺港口，使俄舰无法出港。图中描绘日军进行第一次封锁作战，计划将五艘商船开入旅顺港口最狭窄处自沉，但被俄军发现，被探照灯锁定后，封锁队受到猛烈的炮击，船只无法照预定进入港口水道，便被炸沉，这次作战虽然未竟全功，却也有效封闭了水道约一半的宽度，使得俄军舰队出入倍感困难。

Seizième année. — N° 788. Huit pages : CINQ centimes Dimanche 13 Mars 1904.

Le Petit Parisien

SUPPLÉMENT LITTÉRAIRE ILLUSTRÉ

DIRECTION : 18, rue d'Enghien (10e), PARIS

TOUS LES JOURS
Le Petit Parisien
(Six pages)
5 centimes
CHAQUE SEMAINE
LE SUPPLÉMENT LITTÉRAIRE
5 centimes

ABONNEMENTS
PARIS ET DÉPARTEMENTS :
12 mois, 4 fr. 50. 6 mois, 2 fr. 25
UNION POSTALE :
12 mois, 5 fr. 50. 6 mois, 3 fr

LA GUERRE RUSSO-JAPONAISE
QUATRE TRANSPORTS JAPONAIS COULÉS DEVANT PORT-ARTHUR

旅顺攻防战

1904 年 3 月 27 日，《Le Petit Journal》增刊图文报导。彩色石印画一幅。**小标题：战斗中。图说：旅顺防卫战。**图中防守旅顺的俄军正在战舰上向海面上的敌军进行炮击，彼此已进入可目视的近距离接战，激烈交火，互有损伤，正在俄军士兵完成装填及瞄准时，一枚炮弹却落在甲板上将另一侧的炮兵炸得飞上了天。由于俄军远东舰队一再战败，俄军乃起用当时号称世界三大海军战术名家的马卡洛夫作为远东舰队司令。他在 3 月 8 日抵达旅顺，对手日军元帅东乡却完全不给他喘息的机会，隔天便率领驱逐舰队突击，马卡洛夫亲自指挥旅顺的防御，时而出击，时而退回港内进行远距射击，至此日俄双方前五次的旅顺攻防，双方都无法取得重大的战果。

Le Petit Journal

Le Petit Journal
CHAQUE JOUR — SIX PAGES — 5 CENTIMES
Le Supplément illustré
CHAQUE SEMAINE 5 CENTIMES

5 Centimes SUPPLÉMENT ILLUSTRÉ 5 Centimes

Le Petit Journal QUOTIDIEN, 5 cent.
L'AGRICULTURE MODERNE, 5 cent.
Le Petit Journal militaire, maritime, colonial, 10 c.
La Mode du Petit Journal, 10 cent.
On s'abonne sans frais dans tous les bureaux de poste

ABONNEMENTS

	SIX MOIS	UN AN
SEINE ET SEINE-ET-OISE	2 fr.	3 fr. 50
DÉPARTEMENTS	2 fr.	4 fr.
ÉTRANGER	2 50	5 fr.

Quinzième année DIMANCHE 27 MARS 1904 Numéro 697

EN BATTERIE
La défense de Port-Arthur

迷信刺刀的俄国将军

1904 年 4 月 9 日，《Le Petit Journal》增刊图文报导。彩色石印画一幅。**图说：出征前德拉戈米罗夫将军亲吻战旗。**俄军步兵上将德拉戈米罗夫是俄国重要的军事思想家，曾参与俄国和土耳其的战争，功绩显赫，后来曾兼任基辅等地的总督并参与国务会议。他认为人的意志才是战争的主要因素，而非火力或新式的军事武器，在他的理论中，火器仅仅是智慧的物质代表，只有刺刀才是牺牲自我的意志体现，他守旧的观念深深影响着俄国陆军的训练，军官们用尽各种手段鼓励部下把信心托付给刺刀，而轻视进步的火器科技，甚至许多士兵仍在使用一百年前发明的“排枪”，这样的思想影响了日俄战争中俄国对战争的准备。

Le Petit Journal

Le Petit Journal
CHAQUE JOUR — SIX PAGES — 5 CENTIMES
Le Supplément illustré
CHAQUE SEMAINE 5 CENTIMES

5 Centimes SUPPLÉMENT ILLUSTRÉ 5 Centimes

Le Petit Journal QUOTIDIEN, 5 cent.
L'AGRICULTURE MODERNE, 5 cent.
Le Petit Journal militaire, maritime, colonial, 10 c.
LA MODE du Petit Journal, 10 cent.
On s'abonne sans frais dans tous les bureaux de poste

ABONNEMENTS

	SIX MOIS	UN AN
SEINE ET SEINE-ET-OISE	2 fr.	3 fr. 50
DÉPARTEMENTS..........	2 fr.	4 fr.
ÉTRANGER..............	2 50	5 fr.

Quinzième année — DIMANCHE 23 OCTOBRE 1904 — Numéro 727

AVANT LE DÉPART POUR LA GUERRE
Le général Dragomiroff embrassant le drapeau

沙皇亲自为太平洋舰队授旗

1904 年，《Le Petit Journal》增刊图文报导。彩色石印画一幅。**图说：俄国远东舰队的旗舰登舰仪式。**10 月 8 日，俄军第二太平洋舰队终于准备向远东的战场拔锚起航，这是一场世界历史上从未有过的海洋远征，距离长达 18000 海里，这支拥有 38 艘军舰、14000 名水兵的舰队更是沙皇眼中最后一张王牌，他亲自坐上皇家游船“标竿号”到各舰嘉勉士兵，所到之处皆高呼万岁，士气高昂。本图中沙皇登上旗舰，身着庄严的东正教服饰，将战旗授予司令罗杰斯特文斯基，所有高级军官军跪下接受赐福及聆听陛下的叮嘱，尼古拉二世随即对全舰发表简短的演说，鼓励水兵们报复傲慢、破坏了神圣俄国和平的“黄猴子”们，并祝福水兵们能够保持俄国海军以往的荣光。

对马海战的激烈交火

1905 年，《Le Petit Journal》增刊图文报导。彩色石印画一幅。**图说：日俄舰队相遇对马海峡。**图中描绘了日俄两军在对马海峡激烈的交火，图左方的俄军战舰受到爆炸的冲击力，船头被抬升至半空中，船员纷纷跳海逃生，另一艘也多处中弹，甲板上遍地哀号，死伤无数。在对马海战中，东乡平八郎率领的日军主力舰队与俄军罗杰斯特文斯基的舰队在 5 月 27 日下午 1 时 39 分首次发生目视接触，为了掌握炮击的时机，东乡甚至以自己的旗舰三笠作定点转向，首当其冲面对我军的枪林弹雨，史称“敌前大回头”。根据日本海战史的记载：俄军“见我旗舰三笠转舵，以为有机可乘，便从苏沃洛夫公爵号上升起一团白烟，数舰一时炮火齐开，挑起了战斗”。

被歼灭的俄军太平洋舰队

1905 年，《Le Petit Parisien》增刊图文报导。彩色石印画一幅。**图说：对马海战的俄军悲剧**。图中呈现了对马海战中俄军舰队遭到严重的挫败，船舰纷纷沉没，海面尸首悬浮，死伤无数，在万里无云的晴空中，处处可见爆炸产生的红光，未命中的炮弹落入蔚蓝的海面激起阵阵浪花。这场惨烈的战役中，俄国舰队 22 艘军舰被击沉，7 艘被俘，6 艘逃进中立港被扣押，俄军战死、烧死、和淹死的官兵超过 5000 人，获救被俘的超过 6000 人，而日军只损失了 3 艘驱逐舰，死伤 700 人，从此曾经排名世界第三的沙俄帝国海军舰队，无言地在世界海权争霸中谢幕。

日军俘虏俄军舰队司令罗杰斯特文斯基

1905年6月17日，《LE MONDE ILLUSTRE》图文报导。木刻版画一幅。**图说：驱逐舰别多夫号上的俄军舰队司令罗杰斯特文斯基。**在对马海战中，俄军司令罗杰斯特文斯基的旗舰中弹沉没，他也身受重伤，被部下辗转移动到鱼雷驱逐舰“别多夫号”上休养，但运气不佳，又碰上了日本驱逐舰“涟号”及“阳炎号”。图中描绘了登上“别多夫号”检查的日军中尉冢本克熊发现俄军舰队司令也在船上，惊喜之下不自觉地将手伸向罗杰斯特文斯基，想要做个确认，俄军部将则忙着挥手制止日军士兵的继续攻击，而图左方的罗杰斯特文斯基中将则因伤重瘫软在地，右手用着最后的力气撑着地面，左手紧压着被炮击骨折的伤口。当时日舰“涟号”舰长相羽恒三，本来还为了没有在前夜的大战中夺取战功而懊恼，当追到俄舰“别多夫号”的时候，先是一阵炮击，但忽然看到从俄军船上打来船上有伤患的信号，这才觉得奇怪，在激烈的大战后那艘船没有死伤，难道这艘驱逐舰已经改为医务船？便要部下登舰检查，却意外掳获敌方司令，立下大功。

东乡元帅探视罗杰斯特文斯基司令

1905 年，《Le Petit Journal》增刊图文报导。彩色石印画一幅。**图说：东乡平八郎探望海军医院里俄军太平洋第二舰队司令罗杰斯特文斯基**。在对马海战中，一颗 12 英寸的炮弹直接命中俄军旗舰“苏沃洛夫公爵号”的司令塔，强大的冲击力把司令罗杰斯特文斯基直接甩到舱壁上，脑部受到严重的外伤，身上还有多处骨折，在换乘鱼雷驱逐舰“别多夫号”被日军俘虏后，上岸即被送往日本的海军医院进行医治。图中日军海军元帅东乡平八郎亲自前往探视，两人对视的过程中，海战中惊险的场景仍历历在目，只是胜负既定，无待多言，而无论结果如何，日俄双方也都付出了惨痛的代价。

血腥的辽东陆战

在日军完成对旅顺的包围，准备展开猛攻之际，1904 年 9 月号的《明星》杂志，出现了一首让大部分日本民众感觉骇人听闻的诗歌《请君勿死》：

啊！弟弟，我为你哭泣，请你万万不可送死……父母何曾教你紧握利刃，肆意去杀人？父母养育你成人，就是为了你去杀人和葬送自己吗？……旅顺城即便失陷，抑或攻不下，又有何相干？……你不要死去，天皇不会亲自驾临战场，皇恩浩荡，岂能有如此圣旨，让人互相残杀流血，枉死于禽兽之道上，却称道死者光荣？

——谢野晶子

这首诗一被刊登，马上引起日本各界广泛的批评和谩骂，而晶子的响应则认为诗人若无法通过诗歌吟咏出真正的声音，文字就没有丝毫的价值，她就如同成千上万位在新桥车站送行的男女老少，只是他们口中说的是“万岁”、“要平安回来”，而这首诗才是她心里的真实感受[1]。

但，远东战场上的残酷场景，却远远不是晶子能够想象的。日俄战争被称为第一次大规模的现代化战争，两军都大量使用各种新式武器，包括更安全精准的后膛充填步枪、迅速击发的各式火炮及杀伤力强大的机关枪。因为武器的进步，战争的方法也有了很大的变化，强大的火力使挖掘战壕、架设要塞铁丝网、诱敌深入、分兵进击等战法成为主要的战术[2]。

晶子的弟弟被纳入了旅顺攻掠军的补给运输部队，他们的对手，是被俄国贵族笑称为“灰色牲口”的俄军士兵。当时的俄国军队有浓厚的农奴色彩，其中超过四成的军官，都是未毕业的中学学生，被开除的大学生或中途辍学的农业、商业学校学生[3]，仅是为了混口饭吃而进入了士官学校，他们大多数怀着非常消极的心态，最终的希望只是脱离行伍，寻找待遇更好的公职。士兵在社会上的地位更低，他们被列入下等人种，不得出入二等车厢、餐厅、公园或剧院等上等公共场所，每年的薪饷只有 2 卢布上下，过着“乞丐一般的处境”，对大多数士兵而言，在这样的环境中出征，没有光荣的喜悦，只有满腹的不安和怨怼。

为了战争庞大的人力需求，日俄两国都采取强制征兵制，对全国进行大规模的动员，于是数十万计的年轻生命分别从西边穿过了冻原，从东边跨越了大海，拿起杀伤力强大的武器，在双方都未曾造访的异乡相遇，并展开拼杀。

日本战前拟定的战略为“速战速决”，必须在西伯利亚铁路彻底发挥运输功能前迅速打败俄国在远东的驻军，并占领军事要地，而后勤补给上也不容许日本进行持久战及消耗战，因此计划在第一期作战中完全占领朝鲜，同时进攻旅顺、大连，歼灭旅顺口的海军。第二期作战便可铺开军队进攻满洲南部，决战俄军的主力部队。俄军则在一开始就错估形势，海军参谋本部认为俄国舰队不可能被打败，所以日军在营口或朝鲜湾登陆都是不可能的[4]。日军自然不可能被俄国人的自大牵着走，战场上一如日军的规划，展开了日俄在陆上的交锋。

1904年2月8日，日本陆军第一军的临时派遣队由舰队掩护在仁川上岸，主力部队在3月也陆续登陆朝鲜半岛西半部的镇南浦，4月初逼近鸭绿江岸的义州，29日日本工兵队冒死前进，在鸭绿江上架桥，完成后日军发动向九连城的总攻。九连城本来易守难攻，俄军却无法利用地形进行持久战，不只输了两国陆战的初战，更使俄军东部支队一度丧失战斗力，为日军打开辽东半岛的门户[5]。

日军乘胜追击，由奥保巩大将组成第二军，在距离旅顺不足60公里的猴儿石登陆，这次登陆本来极为冒险，因为若旅顺的俄军舰队出港拦截日本运兵船，将使日本产生重大的损失，但因东乡以持续的闭塞与攻击骚扰旅顺港，而让陆军顺利完成辽东半岛的登陆作业[6]。日军随即分兵两处，一部把守貔子窝及普兰店，抵挡俄国辽阳的援军，另一部进攻旅顺后方的屏蔽金州，俄军在金州南山修筑了制高点，用来守卫旅顺和大连的交通要道，日本陆军得到海军舰队的炮火掩护，夺取南山阵地，并冒着暴风雨攻下金州城，日军第三军大将乃木希典的长子也在此役中阵亡。奥保巩决心在俄军尚未集结完成大举北进，继续在得利寺大败俄军，并沿铁路继续北上，在7月底占领了大石桥、海城、营口、牛庄，直逼辽阳。

辽阳是俄国远东大本营奉天（今沈阳）的屏障，俄军以七个月的时间在此建造了大型的堡垒阵地，俄军满洲军司令库罗伯特金更计划由此开始反攻，日军此时也进行了人事改组，大山岩就任满洲军总司令，并且得到东京充分的授权，可以临机制敌，自由调配军队部署，战术更加灵活，大山岩以第一军为右翼，攻辽阳东北，第四军为左翼，攻西北，奥保巩的第二军则为中路先锋，三路齐发，终于攻破辽阳，但日军死伤惨重，总计达1.7万余人[7]。

辽阳失守，俄国沙皇下令不准再退，10月5日，库罗伯特金集合九个师团，主动渡过沙河进行攻击，此次会战俄军总兵力有日军的两倍，以此优势进行包围作战本有胜算，但大山岩以“后之先”的指导原则，使敌先动，后发先至，先以右翼的兵力死守，却派真正的主力从侧翼袭击敌军，让俄军误以为受到包围而改采守势，最后不得不往北撤退。虽然取得胜利，但日军也因极度缺乏弹药，无法继续追击，两军暂时按兵不动，直到来年初库罗伯特金偷袭中国中立地带的辽西，接着进攻牛庄与营口，使日军陷入苦战，勉强退敌后，两军整兵，准备最后奉天决战的到来。

同时在南边的战场上，日军将遭遇更惨烈的牺牲，谢野晶子的弟弟跟随着日本第三军乃木希典军长的脚步，准备攻打旅顺港的要塞。1904 年 7 月底日本攻克了旅顺周围的要地，完成了包围作业。

一般包围战守军的三大要素为人员、补给及工事，人员上俄军约有 4.2 万人，并未居于劣势，补给上俄军还有 6 个月的面粉，但肉类及其它副产品就有所不足，必须靠偶尔突围的船只提供，城内也开始杀战马，配给士兵马肉。而旅顺在工事上不愧为太平洋舰队最坚实的要塞，有着总长 19 公里的主堡垒线，沿途还有着许多钢筋水泥混凝土打造的炮台，可以抵抗日军的火炮攻击，这些炮台及堡垒占据了崎岖的山势，还配备了探照灯及 350 门威力强大的要塞炮，让日军吃尽苦头。

面对坚实的要塞，乃木军长下令发起正面强攻，8 月时的第一次总攻以 5 万名士兵连续六天六夜的攻击，当死伤者达到 1.5 万人左右时，便暂时停止了攻击行动。大量的牺牲让乃木希典发觉正面攻击不可行，于是改用坑道作战，同时为了击破固若金汤的旅顺堡垒，日军大量使用炮兵，总共轰击了 150 万发炮弹，其中包括被称为“火车弹”的 28 厘米榴弹炮，此种炮因轰击时会发出如同火车行进的巨响而闻名，它的炮弹每颗重达 550 磅，炮管需要动用 300 人才拉得动，还要配合制作专属的水泥炮架，威力强大，终于敲开俄军牢不可破的要塞工事。第二次总攻于 10 月中旬进行，虽然仍未竟全功，但已经大大打击俄军的士气。

此时俄国旅顺守军已感到资源缺乏，军心涣散。而日军也陷入一片焦急之中，听闻俄国波罗的海舰队已经由非洲马达加斯加进发，乃木希典也受到来自天皇、参谋总部及海军的压力，要求尽速占领旅顺，大山岩派遣参谋长儿玉亲自督军，将第三次总攻集中在旅顺周围地势最高的二〇三高地，这一仗俄军战死 400 人，日军则死伤了超过 1 万人，但终于击破工事，将日本国旗插于二〇三高地之上，而这死亡投资的代价，却换来了绝佳的视野，所有旅顺港内残存的俄国舰队尽收眼底，一一被日军炮击摧毁。至此，海军东乡元帅放心地率领舰队返回日本海，以逸待劳地等待俄国波罗的海舰队的到来，俄军守将斯图赛尔也终于在 1905 年的元旦向乃木希典递出降书，旅顺口正式失陷。此战中日本总共动用了 13 万兵力，战死 1.54 万人，负伤 4.4 万人，伤亡接近一半[8]。

画面回到北边的战场，旅顺口失陷，双方陆军纷纷进行“满洲军”的总动员，战场锁定在俄军远东指挥总部：奉天。此时俄军有步兵 38 万，骑兵 2.8 万，炮兵 3 万，大炮 1300 门。日军有步兵 20 万，炮兵、工兵各兵种 15 万，大炮 1100 门。1905 年 2 月底，这场战线绵延百余公里的总决战展开，经过长达二十余日的会战，大山岩再次以灵活的调度，分配两翼军队的攻势，更善用由旅顺前来增援的第三军进行包围作战，四天内急行军八十公里袭击俄军左侧，俄军由上到下战意全失，最后往哈尔滨突围退去。此战双方动员近 60 万人，日军死伤超过 4 万人，俄军约 9 万人，至此日俄战争陆战告终，日军获得全胜。

注：

1、井口和起 (2012.12). 日俄战争的时代 . 台北市，玉山社，10 页
2、Jukes, G. (2005.06). “二十世纪的第一声惊雷 .” 当代 214，53 页
3、关捷等主编 (2005). 日俄战争史料集 . 大连，东北财经大学出版社，259-260 页
4、苏容立 (2005.04). “二十世纪的军事革命——以日俄战争 (1904-1905) 为例 .” 中华军史学会会刊 10， 31 页
5、实践学社编 (1964.05). 日俄战争研究，实践学社，122 页
6、李齐芳 (1997.06). “日俄战争在中国 .” 淡江史学 7/8，12 页
7、阎京生 (2007). 菊花与锚——旧日本帝国海军发展史 . 台北市，知兵堂，32 页
8、OCT (2011.05). 日俄战争——开战背景及海战始末 . 台北市，知兵堂，91 页

日军夜袭的惨烈战争（见 122–123 页）

1904 年 9 月 10 日，《L'ILLUSTRATION》图文报导。**小标题：辽阳战役中日军夜袭**。本图相关报导中提到日军利用深夜，由高处向俄军战线靠近，但明亮的月光却意外地使日军偷袭行动曝光，俄军随即发起炮击，瞬间枪林弹雨照亮整个夜空。画面中日军步兵提着刺刀小心翼翼地前进，但月亮却从乌云中探出头来，俄军利用微光发起猛烈的攻击，日军多有死伤，火光所到之处日军士兵都被爆炸的威力当场炸飞，而其他人却仍向敌阵冲锋。

俄军送信的骑兵哨

1904 年，《Le Petit Parisien》增刊图文报导。彩色石印画一幅。**小标题：俄军信使奋勇突围前往旅顺送信**。俄军在战争中的情报和通信工作远逊于日军，装备上缺乏军用电话，军团间的联络主要依赖电报线及骑兵哨作为敌前的横向联络。本图为俄军的骑兵哨冒死突破日军的阵地向旅顺送前线战报，而此时日军营区中的士兵大多在埋灶做饭，不及反应。

日军于鸭绿江战役中抢滩登陆

1904 年，《Le Petit Parisien》增刊图文报导。彩色石印画一幅。**小标题：日军登陆作战**。图中展现鸭绿江战役中日军强烈的攻击精神，虽然上有俄军密集的炮火射击，下有深度及胸和足以将人冲倒的湍急鸭绿江水。日军目标明确，大本营下令不仅要顺利渡河，更要一举击破俄国守军，因此集中三个师的兵力以求决战，果然势如破竹，迎来陆战的第一场胜利。

日军登陆辽东半岛 （见 128–129 页）

1904 年，《Le Petit Parisien》增刊图文报导。彩色石印画一幅。**小标题：日军由辽东半岛登陆**。在鸭绿江战役取得胜利后，大本营按照预定计划派出第二军在辽东半岛登陆，这次的登陆极为冒险，因为登陆点距离旅顺不足 60 公里，旅顺港未完成完全的封锁，运兵船很可能被俄国的舰队在海上袭击或受到来自海岸的炮击。但海岸上的俄军监视兵竟然一受到日军攻击便纷纷逃走，日军安然完成登陆，俄军也失去决战的先机。

日军的文娱戏台

1904 年，《Le Petit Journal》增刊图文报导。彩色石印画一幅。**图说：日军的戏台**。图中日军利用占领的中国城镇的戏台，上演日本传统的戏曲，对两军士兵而言，能够利用暂时休兵的日子看场戏或演奏音乐，就是最大的娱乐，现场除了满满的观众，旁边还有肥胖的中国商贩，推着独轮车，上面满载着酒水及新鲜的果子，希望小赚一笔。

日军官兵的制服

1904 年，《Le Petit Journal》增刊图文报导。彩色石印画一幅。**图说：日军的制服**。本篇报导中介绍了日军军中不同军种及官阶的制服差异，由左至右分别为骑兵、足炮兵、中将、步兵队长、火车官、参谋、骑兵卫队步兵、警卫队与掌旗步兵不同的服装。

俄军骑兵屠杀中国百姓（见 134–135 页）

1904 年，《L'ILLUSTRATION》图文报导。**小标题：哥萨克骑兵冲进满洲的村落**。图中俄军哥萨克骑兵冲入东北的聚落，看似勇猛地挥舞着马鞭，却只是无情地以马刀及刺刀屠杀手无寸铁的中国人民，图左下角着厚重棉袄的平民慌忙掩头逃窜，惊恐的神情，溢于言表。日俄开战之后，清朝政府片面和日俄双方及诸列强发出了“局外中立”的照会，并下旨要求“如有无辜杀伤人民、烧毁房屋、抢掠财物，何国所行之事，应由何国认赔”，但根本形同空谈，日俄双方仍对东北的各个聚落烧杀抢掠，而使中国的百姓成为最大的受害者。

GEORGES SCOTT

Le Petit Journal

5 Centimes SUPPLÉMENT ILLUSTRÉ 5 Centimes

Le Petit Journal
CHAQUE JOUR — SIX PAGES — 5 CENTIMES
Le Supplément illustré
CHAQUE SEMAINE 5 CENTIMES

Le Petit Journal QUOTIDIEN, 5 cent.
L'AGRICULTURE MODERNE, 5 cent.
Le Petit Journal militaire, maritime, colonial, 10 c.
LA MODE du Petit Journal, 10 cent.
On s'abonne sans frais dans tous les bureaux de poste

ABONNEMENTS

	SIX MOIS	UN AN
SEINE ET SEINE-ET-OISE	2 fr.	3 fr. 50
DÉPARTEMENTS........	2 fr.	4 fr.
ÉTRANGER............	2 50	5 fr.

Quinzième année DIMANCHE 13 MARS 1904 Numéro 695

LES ÉVÉNEMENTS D'EXTRÊME-ORIENT
Exécution d'espions japonais par les soldats russes

俄军处决日本间谍

1904 年 3 月 13 日，《Le Petit Journal》增刊图文报导。彩色石印画一幅。**图说：俄军处决日军间谍。**图中两个被怀疑是日本间谍的犯人，在火车铁轨的桥墩上被活活吊死，还有一人等着受刑，当时双方的谍报战已经到了捕风捉影的程度，而受害的正是居住在辽东的中国百姓，俄国书籍《帝国主义在满洲》中写道：“交战的每一方对居民稍涉间谍嫌疑者都一批一批地枪杀了”，当时的中国日报也记载“东三省之民，不死于敌，亦死于党，斯民何辜罹此荼毒”。

日本间谍遭处决

1904年，《Le Petit Parisien》增刊图文报导。彩色石印画一幅。**小标题：三个日本间谍被吊死。**战前日本便派出大量间谍潜入辽东探查地形及俄军战况，因此在情报工作上远胜于俄军，其中不乏笼络许多当地的中国人递送情报，图中俄军在桥墩上吊的死者，皆穿着布衣，明显为当地中国百姓。例如，后来解密的一则日军电报记载了中国间谍汇报俄国内部官兵不合的情形，其中提道："据冒险从旅顺口经过大连到达本地之支那人报告，发给士兵之面包由日3斤减到2斤，而军官依然美食终日，士兵怀恨在心，故支那人之间传闻，若我军到来，其士兵将先杀掉军官而投降。"虽然这封电报美化日军角色，但却如实地反映俄军残酷对待中国人的情况。

战地记者的休息帐

1904 年，《Le Petit Journal》增刊图文报导。彩色石印画一幅。**图说：远东事件专刊**。本图为跟随俄军报导战事的战地记者休息室，这群人的装束与心情明显与帐外的士兵不同，每个人不是忙着与官兵进行访谈，就是埋首于自己的笔记或绘图本中，深恐遗漏任何所见所闻的战争细节，他们抽着烟斗，戴着一般西式的绅士帽，穿着吊带裤或西装衬衫，配备着专属的望远镜，还带着厚重的行李箱，由于他们的下笔直接影响着军队的国际形象，因此在战争中出入无碍，备受礼遇。

日军的神道葬礼

1904 年，《Le Petit Parisien》增刊图文报导。彩色石印画一幅。**小标题：日军葬礼**。图为日军为死去的将士举办传统的神道教祭典，士兵的遗体穿上了整齐的军服，由于战时找不到足够棺材，便以草席包裹，一旁有道士诵经超度，其他士兵则列队于后方观礼并向死者致敬。近代神道教中认为天皇是天照大神的子孙，具有神的血统，明治维新后将神道教尊为国教，影响了后来天皇至上与国家至上的思想发展，也使得战场上的士兵愿意视死如归地为天皇牺牲。

库罗伯特金校阅士兵

1904 年 6 月 25 日，《L'ILLUSTRATION》图文报导。**小标题：满洲军总司令库罗伯特金。图说：在沙皇生日当天，库罗伯特金骑马在辽阳平原上校阅着自己的军队，看着这群忠心且士气高昂的士兵，全军已经准备好享受胜利的荣耀。**在这篇报导中法国记者明显美化了俄军在辽东所面对的危局，日军在鸭绿江之役胜利后，大举增援分兵北进辽阳、南围旅顺，此时俄军总督阿列克谢耶夫却将旅顺的命运全部推给库罗伯特金，要求他即刻率满洲军主动迎击日军，转移日军对旅顺的攻势，库罗伯特金则认为在俄军集结完毕前贸然采取攻势太过冒险，但在沙皇的诏令下，只好勉强率军出战。图中库罗伯特金纵马在辽阳平原上，这天刚好是沙皇的生日，他看着这些为祖国、为沙皇而战的士兵，心中却不免忐忑不安，果然在报导同一天，两军于得利寺进行第一场遭遇战，救援旅顺的俄军大败，三万士兵中伤亡近五千人。

撤退的俄军陷入泥泞

1904年，《Le Petit Parisien》增刊图文报导。彩色石印画一幅。**小标题：由辽阳撤退的俄军身陷烂泥之中**。本图描绘了辽阳之战中俄军仓皇撤往奉天，在跨越溪流时遇到淤塞的烂泥，马匹和炮车瞬间陷入泥泞之中，难以动弹。此时日军仍在其后紧追不舍，岸上的日军不断施放枪炮，火光四射，许多俄军士兵或战马中弹，血流不止，俄国骑兵见状只能更拼命地挥舞马鞭，炮兵则使尽仅存的力气，死命地想推动大炮前进。俄军索罗维夫上尉就曾描述当时战场的情形：“泥泞的深度可以达到马的腹部，载重的车辆都会陷入泥中。只有中国人的大板车，可以从泥上通过。”

辽阳之战撤退的俄军

1904 年，法国画刊图文报导。**小标题：辽阳之战后往奉天撤退的俄军。**在辽阳之战中，其实俄军的兵力具有极大的数量优势，且崎岖的地势利于俄军防守，但俄军错误选择了决战地点，又轻易放弃阵地，奠定了败局。图中为自辽阳后撤往奉天的俄军士兵，每个人脸上明显露出疲态，军心涣散，唯一值得庆幸的是库罗伯特金在事前就做了完整的退却部署规划，在太子河上建造了桥梁，方便俄军进行转移，并且在后撤完成即刻将其破坏，阻断日军追击，是以图中虽然背景仍有爆炸的火光，但画面中的俄军士兵却并不惊慌，甚至背负伤员缓缓前进。日军在攻下南满第一重镇辽阳后，立刻在国际上获得有利的地位，也瓦解了俄军的抵抗意志。

日本军犬搜捕俄国士兵

1904 年，《Le Petit Journal》增刊图文报导。彩色石印画一幅。**图说：日本人的军犬。**图中日本士兵使用军犬搜捕逃亡的俄国士兵，俄兵藏在石头之下，却被日本军犬发现，大声向主人狂吠示警。狗的嗅觉较人灵敏，行动又迅捷，据记载古罗马时代就有专门为战争饲养的军犬，日俄战争中俄国也利用雪橇犬运送伤员，后来在 1920 年代还成立了苏联中央军犬学校，专门训练高加索犬进行战斗、巡逻和搜救的任务。

日军进攻旅顺高地

1904年，《Le Petit Parisien》增刊图文报导。彩色石印画一幅。**小标题：日军攻击旅顺周围高地**。旅顺周围多处据点的地势高耸，易守难攻，日军每场战役都付出极大的牺牲。图中可看到日军军团整齐地向高地进发，途中不断被高地上的炮台攻击，处处火花，爆炸将炮弹周围的日军炸飞上天，但身旁其他队列的士兵却闻风不动，继续维持队形缓缓前进，丝毫不受影响，充分显示日军的服从与牺牲精神，俄军将领曾记载：“他们疯狂地打下去，直到筋疲力尽，丧失了知觉，直到整个营从地面上扫除为止。”

日军袭击俄军医务火车

1904 年，《Le Petit Journal》增刊图文报导。彩色石印画一幅。**小标题：远东事件。图说：日军意图袭击开往旅顺港的医务火车。**1864 年在国际红十字会的奔走下，世界主要的国家共同签署了《日内瓦公约》，保障战场上任何伤者都有被治疗的权利，而野战医院若有伤者就该被视为中立，只要悬挂白底红十字旗，便不得加以攻击。图中由普兰店港登陆的日军意图袭击一班开往旅顺的医务火车，此举似已违反公约规定的国际人道法，但在围攻旅顺惨痛的牺牲面前，为达到战略目的，日军早已打算将这些国际准则抛诸脑后。

日军强攻旅顺的防御工事

1904年9月10日,《L'ILLUSTRATION》图文报导。**小标题：日军对旅顺的包围攻击。**旅顺要塞工事坚固，加上地势利于防守，使日军强攻付出沉重的代价，图中少数躲过枪炮攻击到达要塞下方铁丝网的日军工兵，即刻拿起随身的铁剪或斧头试图往前突破，但俄军的轰炸却并未停歇，炮弹瞬间落在最前线，爆炸的威力使周围的日军士兵被炸飞到半空中，或直接卡进满布荆棘的铁丝丛中，但即使伤亡惨重，日本士兵仍冒死冲锋，其不畏死的精神使俄军也无法想象。据一名俄军将领的回忆：“在讯号发出之后，又有一阵新的人潮向前推进。这些人已经人不像人，而像疯狂了的野兽。我们的火力都不发生效力，人潮向前不断地滚动。”

日军用探照灯寻找活口

（见 152–153 页）

1904年9月17日,《L'ILLUSTRATION》图文报导。**小标题：在旅顺港激烈的战役后，日军寻找还活着的伤员。**图中日军用投射灯打在进攻的堡垒周围，来回巡视，寻找在尸横遍野的战场上是否还有活口，并由护士加以搬运并带回救治。根据俄军的记载，战斗的情形空前激烈，“乃木发动了进攻的讯号，于是一个由活人所构成的‘山崩’，向我们滚滚而来，从谷地和沟壑中，都有日本人钻了出来，步枪、机关枪和炮火都纷纷发射，探照灯的闪光上上下下，天空中挂着几百个大火球，使天上的星月无光，也使日本步兵睁不开眼睛，他们向前、卧倒、跳起来又向前奔，然后再倒了下来”。

Le Petit Journal

Le Petit Journal
CHAQUE JOUR — SIX PAGES — 5 CENTIMES
Le Supplément illustré
CHAQUE SEMAINE 5 CENTIMES

5 Centimes SUPPLÉMENT ILLUSTRÉ 5 Centimes

Le Petit Journal QUOTIDIEN, 5 cent.
L'AGRICULTURE MODERNE, 5 cent.
Le Petit Journal militaire, maritime, colonial, 10 c.
LA MODE du Petit Journal, 10 cent.
On s'abonne sans frais dans tous les bureaux de poste

ABONNEMENTS

	SIX MOIS	UN AN
SEINE ET SEINE-ET-OISE	2 fr.	3 fr. 50
DÉPARTEMENTS	2 fr.	4 fr.
ÉTRANGER	2 50	5 fr.

Quinzième année DIMANCHE 25 SEPTEMBRE 1904 Numéro 723

UN CONTRE CENT
Le capitaine russe Lebedief défend seul un bastion de Port-Arthur

俄军拼死抵抗

1904年9月25日，《Le Petit Journal》增刊图文报导。彩色石印画一幅。**图说：俄军守卫旅顺的堡垒。**旅顺陆面有连绵的混凝土炮台，主堡垒线长达19公里，堡垒工事也多为钢筋水泥打造，得以抵抗一般火炮攻击，并设置刺铁丝网，主阵地外围则有大小孤山与二〇三高地等据点，易守难攻。图中俄军军官即使只剩一兵一卒，仍紧握军刀与手枪，英勇攻击叠成人墙不断攀爬上来的日军，但凭借着居高临下的优势，即使孤身奋战，却也对日军造成极大的威胁。

旅顺的少年英雄

1904 年 10 月 2 日，《Le Petit Parisien》增刊图文报导。彩色石印画一幅。**原小标题：旅顺的少年英雄**。日军将俄国旅顺要塞与满洲军间海陆的补给线切断后，旅顺的兵员和物资供给就极度恶化，从 9 月起，市区已无猪肉，开始食用马肉，一周也仅能供应两次，俄军以往习惯以面包为主食，现在也只剩从邻近农村劫掠来的面饼。图中受到表扬的少年英雄事迹已不可考，但相关记载中，当时旅顺城内的小孩也必须担纲城内物资的运送工作，例如著名小说《旅顺口》的作者斯捷潘诺夫，当时人也在旅顺城内，年仅十三岁的他便需负责以驴车在堡垒间运大饼及饮用水。俄军表彰少年兵的情况，也反映了俄军的穷途末路。

Seizième année — N° 817. Huit pages : CINQ centimes Dimanche 2 Octobre 1904.

Le Petit Parisien

TOUS LES JOURS
Le Petit Parisien
(Six pages)
5 centimes
CHAQUE SEMAINE
LE SUPPLÉMENT LITTÉRAIRE
5 centimes

SUPPLÉMENT LITTÉRAIRE ILLUSTRÉ

DIRECTION: 18, rue d'Enghien (10e), PARIS

ABONNEMENTS
PARIS ET DÉPARTEMENTS:
12 mois, 4 fr. 50. 6 mois, 2 fr. 25
UNION POSTALE:
12 mois, 5 fr. 50. 6 mois 3 fr

LE PETIT HEROS DE PORT-ARTHUR

日军焚烧将士尸体

1904年，《Le Petit Parisien》增刊图文报导。彩色石印画一幅。**图说：日军焚烧尸体**。由于围攻旅顺日军死伤太过惨重，由包围至攻克，五个月内动员了十三万的士兵，其中伤亡五万九千多人，接近半数，尸体太多而腐烂太快，日军不及掩埋，只好集体焚烧。图中不论日军或雇佣的中国工人大都围上口罩，可见战场的气味和卫生条件极差，他们以煤油浇淋在尸体上，瞬间风助火势，火光冲天。当时俄军对旅顺战场的一段形容相当传神：“这不是人与人之间的斗争，而是人与钢铁、燃烧的石油、炸药和尸臭的斗争。”

旅顺周围的地雷爆炸

1904 年 9 月 25 日，《Le Petit Parisien》增刊图文报导。彩色石印画一幅。**小标题：在旅顺防御战中的地雷爆炸**。日军在完成旅顺的包围及榴弹炮的射击准备后，便对旅顺展开第一次总攻，在旅顺的防御上，主要依靠周围高地要塞的炮台、机枪以及外围的铁丝网与地雷，日军选择正面强攻，便摆明要通过士兵以“肉弹”方式直接面对所有俄军可能的攻击，只求攻克，不计牺牲。图中的日军踩入俄军布下的地雷区，瞬时火光四起，爆炸的威力夹杂着飞沙走石向四周以辐射状散开，人类的肉身更是难以抵挡，日军的士兵在撞击和炙热中翻滚，生命也随之消亡。第一次总攻后死伤一万五千人，却几乎毫无所得，迫使乃木元帅改用坑道作战，并将作战目标改为更加险要的二〇三高地。

Seizième année. — N° 816. Huit pages : CINQ centimes Dimanche 25 Septembre 1904.

Le Petit Parisien

TOUS LES JOURS
Le Petit Parisien
(Six pages)
5 centimes
CHAQUE SEMAINE
LE SUPPLÉMENT-LITTÉRAIRE
5 centimes

SUPPLÉMENT LITTÉRAIRE ILLUSTRÉ

DIRECTION : 18, rue d'Enghien (10e) PARIS

ABONNEMENTS
PARIS ET DÉPARTEMENTS :
12 mois, 4 fr. 50. 6 mois, 2 fr. 25
UNION POSTALE :
12 mois, 5 fr. 50 6 mois, 3 fr

DÉFENSE DE PORT-ARTHUR

UNE COLONNE JAPONAISE DÉTRUITE PAR UNE MINE

Seizième année. — N° 818. Huit pages : CINQ centimes Dimanche 9 Octobre 1904.

Le Petit Parisien

TOUS LES JOURS
Le Petit Parisien
(Six pages)
5 centimes
CHAQUE SEMAINE
LE SUPPLÉMENT LITTÉRAIRE
5 centimes

SUPPLÉMENT LITTÉRAIRE ILLUSTRÉ

DIRECTION : 18, rue d'Enghien (10e), PARIS

ABONNEMENTS
PARIS ET DÉPARTEMENTS :
12 mois, 4 fr. 50. 6 mois, 2 fr. 25
UNION POSTALE :
12 mois, 5 fr 50. 6 mois, 3 fr

A PORT-ARTHUR
Mort héroïque du Lieutenant de Cosaques Pétroff

俄军中尉的最后奋战

1904 年 10 月 9 日，《Le Petit Parisien》增刊图文报导。彩色石印画一幅。**小标题：俄军哥萨克骑兵中尉光荣战死。**图中俄军部队几被全歼，仅存的俄军中尉右手负伤流血，即使手中的匕首已然折断，他左手仍紧锁日军士兵的咽喉，但已无力反击，只能眼睁睁看着身旁的日军士兵以刺刀缓缓插入他的心脏，结束他人生的最后一刻。

旅顺司令斯图赛尔受伤

1904 年 10 月 16 日，《Le Petit Journal》增刊图文报导。彩色石印画一幅。**图说：斯图赛尔中将于探视伤员时遭炮弹碎片击伤。**日军在第二次总攻旅顺二〇三高地失败后，便开始日夜不停的围城攻势，其中包括不断实施破坏性炮击，有时对准俄军的堡垒工事，有时对准港口的船舰或市区的建筑物，在连续且不定目标的袭击下，逐渐瓦解俄军抵抗的士气及制造百姓的恐慌，据记载在旅顺开城投降前，总共有两千吨的炮弹落在旅顺的防御工事上。图中日军违反国际法对于伤员的医疗处所进行炮击，碎片正好击中乘马车来巡视的旅顺司令斯图赛尔中将。

Le Petit Journal

Le Petit Journal
CHAQUE JOUR — SIX PAGES — 5 CENTIMES
Le Supplément illustré
CHAQUE SEMAINE 5 CENTIMES

5 Centimes SUPPLÉMENT ILLUSTRÉ 5 Centimes

Le Petit Journal QUOTIDIEN, 5 cent.
L'AGRICULTURE MODERNE, 5 cent.
Le Petit Journal militaire, maritime, colonial, 10 c.
LA MODE du Petit Journal, 10 cent.
On s'abonne sans frais dans tous les bureaux de poste

ABONNEMENTS

	SIX MOIS	UN AN
SEINE ET SEINE-ET-OISE	2 fr.	3 fr. 50
DÉPARTEMENTS.........	2 fr.	4 fr.
ÉTRANGER.............	2 50	5 fr.

Quinzième année — DIMANCHE 16 OCTOBRE 1904 — Numéro 726

A PORT-ARTHUR

La générale Stoessel blessée par un éclat d'obus en soignant des victimes du siège

库罗伯特金巡视军队

1904 年 12 月 11 日，《Le Petit Journal》增刊图文报导。彩色石印画一幅。**图说：库罗伯特金坐汽车巡视军队。**沙河会战开打后，俄国远东总督阿列克谢耶夫被正式解职回国，原满洲军总司令库罗伯特金担任远东陆海军总司令，结束了俄军指挥体系中双头马车的处境。图中是终于掌握实权的库罗伯特金坐汽车巡视俄军战线，他本想在 12 月中旬南下救援旅顺，却犹豫不决错过时机，待旅顺投降后，才急忙派兵南下避免日本乃木大将的第三军北上会师，并抢先攻击黑沟台的日军，但为时已晚，日军顺利完成集结，最后在奉天会战取得陆战的最后胜利。

Le Petit Journal

Le Petit Journal
CHAQUE JOUR — SIX PAGES — 5 CENTIMES
Administration: 61, rue Lafayette
Le Supplément illustré
CHAQUE SEMAINE 5 CENTIMES

5 Centimes SUPPLÉMENT ILLUSTRÉ 5 Centimes
Le Petit Journal militaire, maritime, colonial..... 10 cent.
Le Petit Journal agricole, 5 cent. La Mode du Petit Journal, 10 cent.
Le Petit Journal illustré de la Jeunesse..... 10 cent.
On s'abonne sans frais dans tous les bureaux de poste

ABONNEMENTS

	SIX MOIS	UN AN
SEINE ET SEINE-ET-OISE	2 fr.	3 fr. 50
DÉPARTEMENTS..........	2 fr.	4 fr.
ÉTRANGER..............	2 50	5 fr.

Les manuscrits ne sont pas rendus.

Quinzième année — DIMANCHE 11 DÉCEMBRE 1904 — Numéro 734

L'AUTOMOBILE EN MANDCHOURIE
Le général Kouropatkine parcourt les lignes russes en automobile

旅顺守将巡视官兵

1905年1月14日,《L'ILLUSTRATION》图文报导。**小标题：旅顺守将斯图赛尔将军于战后巡视官兵。**本图是旅顺经过连续五天五夜的战斗后，俄军守将斯图赛尔带领卫队巡视并慰问守城的官兵。斯图赛尔中将身为俄军的指挥，但领导无方，仅注重些不急之务，从一道他曾经下过的命令，可看出他乏善可陈的军事才能，他说："今天我在教堂附近，遇见两位军官带着一位太太，她戴着军官的帽子。这实在太过违反规定，因为按照规定连退休军官和预备役都不准戴这种帽子。"

日军表扬旅顺降将

1905年1月15日，《Le Petit Journal》增刊图文报导。彩色石印画一幅。**小标题：降部的荣耀。图说：日军表扬俄军投降的旅顺守将斯图赛尔及官兵。**图中旅顺守将斯图赛尔率领家眷及官兵出城接受日军招抚，天上还有象征和平的天使为他戴上草环，但身后的士兵却一脸无奈，低头不语。乃木希典在水师营会见斯图赛尔时，还故意迟到了四十分钟，以显示胜利者的姿态，并说：“我们为了各自的国家互相对峙，如今停战，有此机会相见，我感到无上光荣。”斯图赛尔回道：“我也有同感。”双方共进午餐并合影留念，乃木回国后还曾经骑乘斯图赛尔送他的马进京面见天皇，展示自己的战利品。

Le Petit Journal

Le Petit Journal
CHAQUE JOUR — SIX PAGES — 5 CENTIMES
Administration: 61, rue Lafayette
Le Supplément illustré
CHAQUE SEMAINE 5 CENTIMES

5 Centimes SUPPLÉMENT ILLUSTRÉ 5 Centimes

Le Petit Journal militaire, maritime, colonial..... 10 cent.
Le Petit Journal agricole, 5 cent. LA MODE du Petit Journal, 10 cent.
Le Petit Journal illustré de La Jeunesse..... 10 cent.
On s'abonne sans frais dans tous les bureaux de poste

ABONNEMENTS

	SIX MOIS	UN AN
SEINE ET SEINE-ET-OISE	2 fr.	3 fr. 50
DÉPARTEMENTS	2 fr.	4 fr.
ÉTRANGER	2 50	5 fr.

Les manuscrits ne sont pas rendus.

Seizième année DIMANCHE 15 JANVIER 1905 Numéro 739

GLOIRE AUX VAINCUS !

Les Japonais accordent les honneurs de la guerre au général Stoessel et aux héroïques défenseurs de Port-Arthur

旅顺港投降签订和约

1905 年 1 月 22 日，《Le Petit Parisien》增刊图文报导。彩色石印画一幅。小标题：旅顺港签订投降和约。1905 年元旦，当旅顺守将俄国关东军司令斯图赛尔得知四周的高地失陷，便派人送信给日军军长乃木希典，表示愿意投降，日军同意后，俄军隔天便竖起白旗，双方代表在午间见面，以英语谈判，晚间完成签订投降条约，此消息一出，大部分俄军士兵马上丢下武器在城中抢掠，消息传回圣彼得堡，也开启了俄国内部的一连串政治风暴。

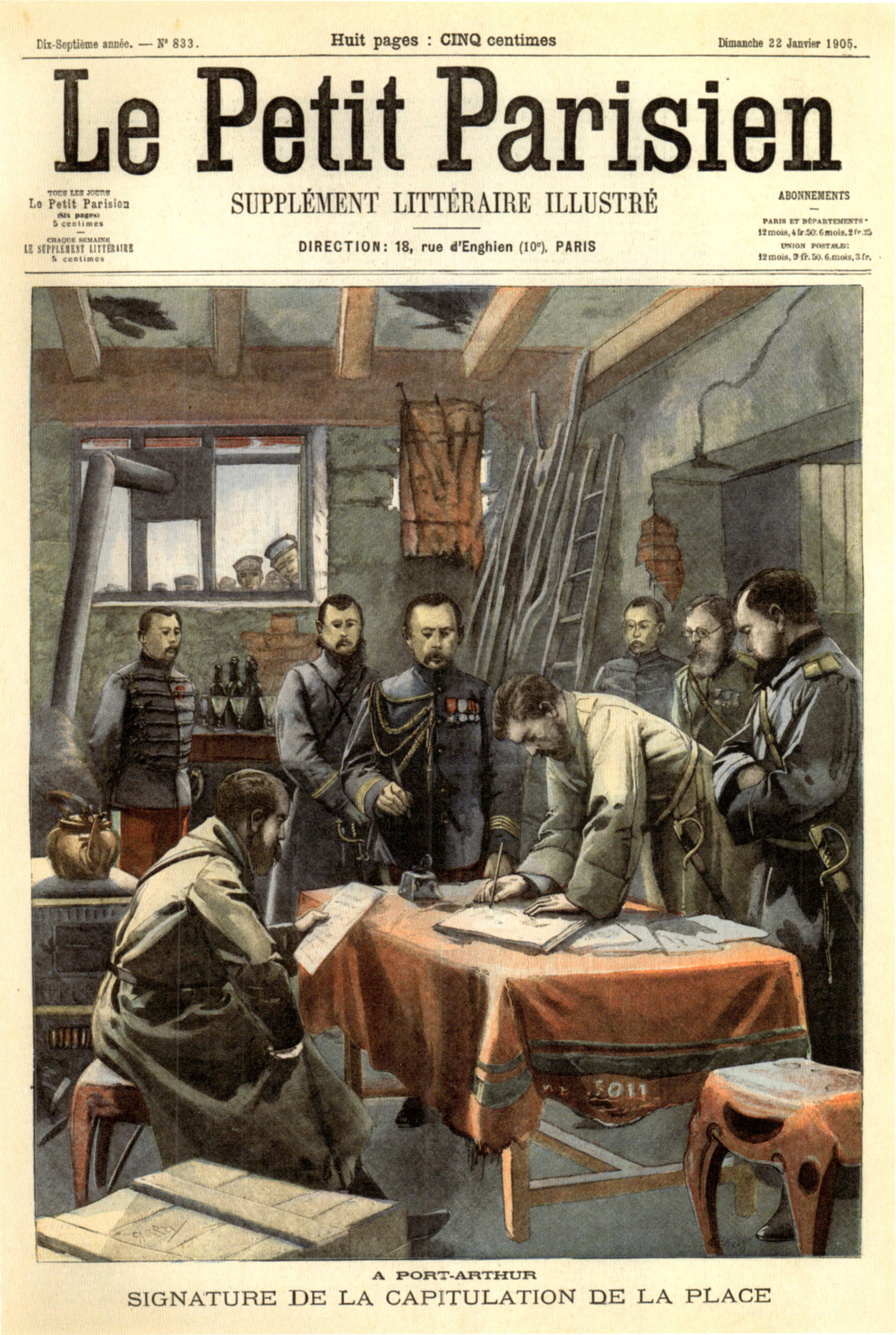

Dix-Septième année. — N° 833.

Huit pages : CINQ centimes

Dimanche 22 Janvier 1905.

Le Petit Parisien

TOUS LES JOURS
Le Petit Parisien
(Six pages)
5 centimes

CHAQUE SEMAINE
LE SUPPLÉMENT LITTÉRAIRE
5 centimes

SUPPLÉMENT LITTÉRAIRE ILLUSTRÉ

DIRECTION : 18, rue d'Enghien (10e), PARIS

ABONNEMENTS

PARIS ET DÉPARTEMENTS :
12 mois, 4 fr. 50. 6 mois, 2 fr. 25

UNION POSTALE :
12 mois, 9 fr. 50. 6 mois, 3 fr.

A PORT-ARTHUR

SIGNATURE DE LA CAPITULATION DE LA PLACE

旅顺港投降的俄军战俘（见 166–167 页）

1905 年，《LE MONDE ILLUSTRE》图文报导。**图说：旅顺港投降后的俄军战俘。**图中日军押解着旅顺投降后的俄国官兵，许多俄国士兵都在作战中负伤，面缠纱布，神情落寞，并自觉羞耻，不时低头或以手掩面，不愿被记者看见。俄军的旅顺守军原有四万四千多人，到投降时只剩三万三千多人，其中含有伤病约一万九千六百人，这些士兵饱经战火摧残，已经完全丧失战斗力。

日军医疗队的善后工作

1904 年，《Le Petit Journal》增刊图文报导。彩色石印画一幅。**小标题：噩梦的结束。图说：日军的医生为受伤士兵进行手术。**本图中一场激烈的战役刚刚结束，受伤的日本士兵被运送到后方临时设置的野战医院进行救治，这里大多数的设施都是权宜措施，例如担架就只是用木棍及绳子临时编成的产物。战场上的士兵往往都是受到严重的外伤，必须即刻进行手术抢救，移除枪炮的碎片或缝补刀伤，但战场上的卫生条件让手术的难度及术后的照顾都大为不易，最后是否能够得救，还是取决于士兵个人的意志与生命力。

零下三十度的圣诞节

1905 年 1 月 1 日，《Le Petit Journal》增刊图文报导。彩色石印画一幅。**图说：俄军在远东度过零下三十度的圣诞节**。图中俄军欢聚一堂庆祝圣诞节，虽然远离故乡、寒风刺骨，但在临时设置圣诞树的圣徒像与烛光照耀下，好像又能感受到家园的温暖，俄军士兵还以毛帽交换祝福和许愿的纸条，映衬着圣诞树后的满天星光，至少在这个夜晚让自己远离战争的阴霾。

PARIS
VIA

俄军的邮政马车

1904 年，《Le Petit Journal》增刊图文报导。彩色石印画一幅。**图说：百年来无太大变化的俄军邮政**。本图为负责俄军一般邮政的马车，装载邮件的木箱下还垫着干稻草，除了防潮也可避免滑落，邮递兵推开厚重的箱盖拖出一袋袋满满的信件，对于递送者而言，扛在肩头只是纸张的重量，但当这些家书送到离家千里的士兵手中，却比任何赏赐都来得珍贵。尤其俄军战场失利消息不断传来，远方的家属更深深忧虑子弟们的生死。

沙河之战

1904年11月12日，《L'ILLUSTRATION》图文报导。**小标题：沙河之战**。本次会战俄军拥有两倍于日军的总兵力，并利用优势进行包围作战，胜算在握，但在战场中五倍于日本的俄军东兵团也没有取得决定性的胜利，可以看出俄军指挥的不当。图中两军由天明战至黑夜，此时还下起了倾盆大雨，闪电夹杂着枪炮的火光，无情闪烁在战场之上，于难辨敌我的黑暗中，双方毫无保留地展开激战，此会战日军总伤亡超过二万人，俄军则有四万人。

奉天会战后俄军退却

1905 年，《Le Petit Journal》增刊图文报导。彩色石印画一幅。**图说：奉天战役后，库罗伯特金指挥军队后撤。**图中俄国满洲军统帅库罗伯特金正专心以望远镜遥望前线战局，但当得知奉天以北的铁路皆被切断，全军已陷入日军四面包围，只好下令后撤。奉天战败后，库罗伯特金也自动请辞总司令，由第一军团司令利纳维茨上将接任，这场战役惨败对俄国国内外的情势更是雪上加霜，继旅顺口的陷落后，各国媒体纷纷报导认为这次失败将是俄国决定性的惨剧。

奉天战役日军袭击俄军（见 178–179 页）

1905 年 2 月 28 日，《Le Petit Journal》增刊图文报导。彩色石印画一幅。**图说：奉天战役中日军攻击俄军。**奉天会战为日俄陆战的最终决战，决心一雪前耻的俄军动员了步兵 38 万，骑兵 2.8 万，炮兵 3 万，大炮 1300 门。日军则有步兵 20 万，炮兵、工兵各兵种 15 万，大炮 1100 门，双方精锐全出。这场会战规模盛大，战线绵延达百余公里，图中可以看到掩蔽在土丘后的俄军士兵面对眼前排山倒海而来的敌人，有些左支右绌，有人被子弹擦过，抱头哀号，也有负伤者经简单包扎后继续作战。经过长达二十余日的会战，日军死伤超过 4 万人，俄军约 9 万人，俄军往哈尔滨突围撤退，日军获得全胜，陆战告终。

日军攻入奉天城

1905 年 3 月 26 日，《LA TRIBUNA illustrata》图文报导。彩色石印画一幅。

图说：日军进入奉天。图中可看到日军大举冲入奉天城内的场景，此时俄军已全线败退，毫无战意，正是日军赶尽杀绝，入城大肆抢掠的最佳时机，俄军士兵背着布包四散奔逃，若落单可能马上就被日军团团围住，乱刀齐下而死无全尸。但最惨的还是奉天沿线的中国百姓，他们在俄军节节败退时就已遭到俄国士兵的烧杀淫掠，如今又要再受到日军的荼毒。据清代东北史的记载，奉天会战期间，奉天沿线三百余里，被侵略军“蹂躏殆遍”，连晚清的皇族女子都被迫投井殉节。

LA TRIBUNA illustrata

ABBONAMENTI
Nel Regno. . . . . Anno L. 5.—
All' Estero . . . . » » 9.—
Il numero . . . . Cent. 10
Arretrato . . . . » 20

Si pubblica una volta la settimana — Direzione e Amministrazione, Via Milano, 37

Le inserzioni a pagamento si ricevono esclusivamente dalla Ditta Haasenstein e Vogler: Roma, Piazza S. Silvestro, 74, Firenze, Genova, Milano, Napoli, Palermo, Torino, Venezia. - *Prezzo per ogni linea corpo 6:* in 3ª pag. (3 colonne) L. 3 - nelle altre pagine d'annunzi (7 colonne) L. 1.50.

ANNO XIII — Roma - Domenica 26 Marzo 1905 — N. 13.

I giapponesi entrano vittoriosi a Mukden

大山岩进奉天城

1905年4月2日，《Le Petit Parisien》增刊图文报导。彩色石印画一幅。**小标题：大山岩进奉天城**。图中日军总司令大山岩骑马进入奉天城，意气风发，两旁的日军挥舞着旗帜，后方则有许多围观的中国民众。奉天战役中双方皆以主力相搏，日军以少胜多的关键在于大山岩的战略奏效，他先要求为数不多的鸭绿江军不顾伤亡拼死袭击俄军右翼，待俄军主力被完全吸引后，再秘密调动第三军由左翼包围俄军，一举截断俄军后路，使俄军被迫弃城后撤，显示日军由上到下不仅指挥严明，也能贯彻执行战略，终致胜利。

Dix-Septième année. — N° 843. Huit pages : CINQ centimes Dimanche 2 Avril 1905.

Le Petit Parisien

TOUS LES JOURS
Le Petit Parisien
(Six pages)
5 centimes
CHAQUE SEMAINE
LE SUPPLÉMENT LITTÉRAIRE
5 centimes

SUPPLÉMENT LITTÉRAIRE ILLUSTRÉ

DIRECTION : 18, rue d'Enghien (10e), PARIS

ABONNEMENTS
PARIS ET DÉPARTEMENTS :
12 mois, 4 fr. 50. 6 mois, 2 fr. 25
UNION POSTALE :
12 mois, 5 fr. 50. 6 mois, 3 fr.

EN MANDCHOURIE

ENTRÉE DU MARÉCHAL OYAMA A MOUKDEN

奉天战役后俄军北撤（见 182–183 页）

1905 年，《Le Petit Journal》增刊图文报导。彩色石印画一幅。**图说：奉天战役后俄军撤退**。图中俄军除了炮兵部队仍在山丘上继续开炮掩护部队后撤，其他步兵皆已伤痕累累、了无斗志，抬着伤重无法行走的同胞缓缓前进，图左方马上的骑兵右手搀扶着一名失明者，背后则紧靠着一名已昏迷不醒的士兵，全无战意。奉天会战双方皆以主力精锐进行全面决战，此役俄军伤亡总数逾九万人，战场上丢弃的大炮、装备、粮食，军需不计其数，场面一片混乱，根据后来接任的总司令利纳维茨的日记，当时所有高级军官看到撤退的场景都信心全失，认为不久便要求和。

哈尔滨的日本驻军

1905 年，《Le Petit Journal》增刊图文报导。彩色石印画一幅。**图说：前往哈尔滨的日军骑兵**。在辽东半岛陆战俄军大败后，由于担心日军大军北上攻击哈尔滨，俄国及英法德各国的侨民纷纷跑到哈尔滨内的俄国租界避难，俄国即刻派出重兵保护，西欧各国政府也向日本表示不希望侨民受到牵连，才让日本不敢轻举妄动。图中哈尔滨的日本驻军开始对俄军进行小规模的骚扰，并破坏俄国控制的中东铁路沿线设施。

朴茨茅斯条约与列强合纵连横

1906年诺贝尔和平奖的颁奖典礼上，获奖人美国总统西奥多·罗斯福，以调停日俄战争的巨大贡献，成为史上第一位获奖的美国人，他在致词时称自己是“温柔在口，大棒在手”，这根和平殿堂上冒出的“大棒”，虽然显得有些讽刺，却毫不掩饰地表现出美国在世界局势当中的强势作风。更残酷的事实是，在诺贝尔和平奖的背后，付出代价的却是中国人，中国的土地遭到侵占，中国的资源遭到掠夺，以及中国人民遭到屠戮，这是丑陋的国际政治现实。

其实在旅顺陷落后，罗斯福总统就计划展开调停，从开战以来俄军软弱的表现，美国深怕俄国会禁不住日本人的重锤，直接化为齑粉，到时“若日本人获得全胜，就意味着他们会把注意力转向美国，和我们进行战争[1]”，法国也担心俄国战败后无力偿还战费的贷款，加入游说和谈，但日本和俄国都决定在分出“决定性”的胜负前，不可能接受彼此的媾和条件。

对马海战的结果，震惊了罗斯福总统，他在给参议员的信件中写到看来俄国这个气泡是被戳破了：“我早就料到日本人会打败罗杰斯特文斯基，但谁也没有想到，这竟是一场屠杀……日本人在相当大的程度上被胜利冲昏了头脑……日本是一支可怕的新生力量，它贪婪、小气而又好战……世界上不会有比他们更可怕的敌手了[2]。”为了避免日本取得压倒性的胜利，威胁到美国在太平洋上的利益，罗斯福接受日本提出的调停要求，开始插手安排和谈。

这时，日俄两国其实都已经有不得不和谈的压力，日本在奉天会战大捷后，日本国民的情绪沸腾到极点，高喊“攻下哈尔滨，直捣贝加尔湖”的口号，但日本满洲军总元帅大山岩却深知日军已经濒临山穷水尽，他派了参谋长儿玉返国向内阁说明自己的立场：“陆军应尽之力业已完成，希望利用此次大捷机会，结束战争，不知能否设法促进媾和工作？”当时日本的财政也已经捉襟见肘，无力负担再征兵和再造炮弹的经费，身为战胜国的一方，日本国债在伦敦市场的价格竟然比一直打败仗的俄国还低。俄国虽然在奉天会战后仍然在满洲有较日本优势的兵力，但自旅顺口陷落后，国内便陆续发生许多革命与动乱，连黑海舰队都发生叛变，沙皇从1905年1月后就只能躲在冬宫足不出户，这场战争已经远远超出他心目中那场“必胜的小规模战争”，他实在无法承受更多的失败了[3]。

对于其他列强而言，日俄停战也是利之所驱。德国在这场战争中获得了它梦寐以求的结果，俄国被战争削弱到一定的程度，未来只能跟在自己身边作为对抗英国的小跟班，但若俄国再战下去，却很有可能直接被革命推翻，德国参谋总部甚至做好了出兵协助沙皇镇压革命的准备。法国则因为 1905 年爆发了摩洛哥危机，更希望沙皇政府可以继续存活，并达到牵制德国的效果。英国则计划日俄战争结束后，就想办法促使日俄两国都加入协约国，共同包围德国。从内到外的和谈条件都已成熟，双方代表最后选定在美国新罕布什尔州的朴茨茅斯军港进行谈判[4]。

谈判过程中，日方提出了割让库页岛、赔款等十二条要求，俄方则一开始就摆出强硬的姿态，认为自己并非以战败国的姿态谈判，坚持“不割地、不赔款”，直到美国从中斡旋，双方都对谈判条件进行让步，终于在第十次会谈达成共识，开始草拟合约文本。1905 年 9 月 5 日双方在朴茨茅斯海军造船厂大厦签订合约，一共十五条。主要内容包括俄国承认日本对韩国有“指导、保护、监督”的权利，俄国将辽东半岛租借权及南满铁路特权转让给日本，俄国割让库页岛南部并承认日本在俄国远东沿海的捕鱼权。10 月 14 日，俄日两国政府各自在首都签下条约的批准书，10 月 25 日在华盛顿互换文件，完成了最后的缔约手续，日俄战争正式画下句点[5]，然而日俄双方所交换的利益，却是中国人的血泪，经此一战，中国主权遭人恣意侵夺，大清王朝摇摇欲坠，国际形势更为凶险，更大规模的战争也开始逐步酝酿着。

注：

1、阎京生 (2007). 菊花与锚——旧日本帝国海军发展史 . 台北市，知兵堂 .136 页

2、OCT (2011.05). 日俄战争——开战背景及海战始末 . 台北市，知兵堂，138 页

3、实践学社编 (1964.05). 日俄战争研究，实践学社， 322-325 页

4、同注 2，141 页

5、井口和起 (2012.12). 日俄战争的时代 . 台北市，玉山社，126 页

日俄代表谈判后握手致意（见190–191页）

1905年，法国画刊图文报导。彩色石印画一幅。**图说：朴茨茅斯的会谈中，俄国代表维特（图右）及日本代表小村寿太郎（图左）握手，达成和平的结论。**虽然这场会议前的国际局势，两国都有不得不谈判的苦衷，但对于已经耗尽国力的日本，和平已是必然的选项，因此谈判过程中俄国全权代表维特充分表现了灵活的外交手腕，先是故作姿态表示只是作为沙皇信使来了解日方条件，根本无谈判准备，并且联合美国当地媒体，私下泄漏日方条件全文，造成国际舆论压力，直到最后一刻，维特都抱持着谈判破裂的决心，僵局终于在双方第十次会议中小村和维特的单独“秘密谈话”后打破。据俄国代表记载当时的场景，在两人会谈约半小时后，“维特走出会议厅，他满面红光，笑容可掬，他走到办公室中央停了下来，以激动的声音说，‘先生们，和平了，我向你们祝贺，日本人在各方面都做了让步’！”

日本代表团由横滨出发

1905 年 8 月 26 日，《LE MONDE ILLUSTRE》图文报导。**图说：日本代表小村寿太郎及其他代表团成员前往横滨港搭船赴美。**图中日本代表团乘坐马车前往横滨港口，预备搭船前往美国进行和谈，引起沿路民众的围观与欢呼。日本政府在任命日俄战争的外交代表上遇到极大的困难，由于知道谈判难成，元老级的人物皆坚辞不就，整整三周乏人问津，待听到小村愿意接下此职务时，伊藤博文、山县有朋、桂太郎三人竟在首相官邸相拥而泣，总理桂太郎亲自送小村至车站，一路上民众夹道相送，高呼万岁，但小村只微笑说道：“归来时之人望将适得其反乎？”桂太郎听到了只是沉默不语，小村的随员山座则向小村说：“归朝时如仅易万岁之声为混蛋而能了局，就算幸事了。”由此可知日本当局对和谈的悲观想法。

罗斯福欢迎日本代表

1905 年，《Le Petit Parisien》增刊图文报导。彩色石印画一幅。**图说：和平会议中，美国总统罗斯福与日本代表小村寿太郎握手致意。**日本在对马海战胜利后，当时担任外相的小村便急着请求罗斯福总统出面调停，并在和谈前和美国签订了秘密备忘录，日本保证无侵略菲律宾的意图，化解了日本和美国潜在的冲突。罗斯福总统一方面正式发文促进日俄两国和谈，私下却默许日本在会议前进攻并占领俄国库页岛，争取谈判筹码。后来解密的信件中，罗斯福总统更表现出他真正的意图，希望促成日本获得整个库页岛，得到在太平洋上威胁俄国的要冲，让日本成为未来美俄冲突的马前卒，但罗斯福另一方面又反对日本向俄国索取大量赔款，以维持日本在财政上对美国的依赖。

狼狈的俄国巨人

1905 年，《Le Petit Parisien》增刊图文报导。彩色石印画一幅。**小标题：交战的日俄双方。** 本图漫画中，象征俄国的巨人狼狈地搁浅在写着“满洲”的礁石上，他的手被象征日本陆军总司令元帅大山岩的乌龟狠狠地紧咬不放，脚则被标上日本海军东乡平八郎的龙虾牢牢掐住，海面上还有小心水雷的标示，似乎在嘲笑对马海峡覆灭的俄军舰队，幸好岸上的美国罗斯福总统适时地为俄国巨人抛下救生圈，协调和平会谈。这篇报导充分说明了当时不利于俄国的国际舆论，西方媒体普遍以圣经当中大卫王对战邪恶的巨人的比喻来形容俄国的失败，沙皇政府甚至必须花钱收买同盟的法国媒体，才能稍微遏止排山倒海的舆论批评。

trât dans l'atelier, l'oie gigantesque qui avait gardé jusque-là sa place, comme un trophée et comme un souvenir.

André MYRA.

La Gardienne

I

D'une brusque impulsion, Mme Jaline entra dans le grand magasin. Les hautes portes de glace se refermèrent silencieusement sur elle ,l'isolèrent de la rue boueuse, du vilain froid mouillé. Et aussitôt elle fut baignée, pénétrée de bien-être. Elle connaissait, pour les avoir souvent éprouvées, toutes les sensations qui allaient l'assaillir. Mais elle les retrouvait chaque fois aussi fortes, et comme neuves. Elle aspirait, narines battantes, à petits coups, l'air tiède et caressant qui sentait l'étoffe et les parfums vaporisés. Elle écoutait les appels, les offres, les questions, les débats animés, le tintement clair de l'argent sur le plateau des caisses, rumeurs qui se fondaient, montaient en un ramage de volière. Elle se laissait presser, coudoyer, porter, par la foule affairée, qui lui communiquait ses désirs et sa fièvre. D'abord elle avait baissé à demi les paupières, comme pour s'enfermer en elle-même, goûter dans le recueillement ces premières délices. Puis la malheureuse fut traversée d'une tentation si aiguë de les saisir, de les emporter, qu'elle prononça à mi-voix :

— Oh ! mon Dieu, voilà que cela me reprend...

Ainsi, l'épouvantable charme opérait. La preuve était faite. Chaque fois qu'elle pénétrait dans le grand magasin — et elle ne pouvait plus s'empêcher d'y entrer — le mal la reprenait. Ici, devant ces dentelles, ou quelques pas plus loin, elle allait céder à l'attrait invincible, étendre la main, et prendre, et s'enfuir...

II

Mme Jaline avait trente ans, une petite taille, des cheveux blonds, une physionomie résignée et de beaux yeux couleur de bleuet fané qui semblaient toujours demander pardon. Elle était veuve depuis quelques années d'un officier colonial, qui avait rapporté d'Extrême-Orient les germes de la maladie de foie dont il était mort prématurément. Elle vivait avec sa fille Hélène, une vraie petite femme de onze ans, douce comme sa maman, grave comme son père. Elles ne se quittaient guère. Mme Jaline n'avait voulu confier à personne le soin d'éduquer et d'instruire sa fillette. Elle se donnait toute à cette enfant, qui représentait pour elle tout le bonheur passé, et tout l'avenir. Malheureusement Mme Jaline n'était pas riche. A sa mince pension, elle avait dû ajouter les ressources de son travail. Elle peignait, pour un éventailliste du boulevard, des scènes champêtres dans la manière du dix-huitième siècle. Elle dessinait sur des peaux excessivement fines, qu'elle devait au préalable teinter dans une légère décoction de café, afin de leur donner une patine ancienne. On la payait peu, mais ses éventails se vendaient cher. Ce labeur, joint aux leçons à Hélène, aux soucis du ménage, lassait Mme Jaline, déjà usée de chagrin depuis la mort de son mari. Elle avait des accès de fièvre, des défaillances, des éblouissements rapides, qu'elle cachait à sa fille, qu'elle essayait d'oublier elle-même.

Or, un jour qu'elle était sortie seule afin de livrer son travail, elle était entrée pour une emplette dans ce grand magasin. Elle tombait, sans le savoir, sur une exposition de blanc. Assourdie de clameurs, broyée dans la cohue énorme, elle tentait vainement d'avancer. Et tout à coup, elle avait vu, tout près d'elle, une femme cacher, d'un geste habile et preste, une douzaine de fins mouchoirs sous son manteau... D'abord, saisie, bouleversée, elle avait voulu crier : « Au voleur ! » Elle ne pouvait pas. Elle avait suivi cette femme à travers la foule, jusqu'à la sortie, toujours sans la dénoncer. Elle l'avait perdue de vue au premier tournant. Mais le soir, le lendemain, elle ne cessait plus d'y penser. Il lui semblait qu'elle était un peu sa complice. Elle en éprouvait une sorte de honte. Et elle ne retrouvait plus le calme. Elle se rappelait toutes les histoires qu'elle avait entendu raconter, qu'elle avait lues surtout dans les journaux. On retrouvait chez ces malheureuses des collections entières, de pleines armoires d'objets dérobés. Elle évoquait l'arrestation à la sortie, l'odieuse fouille, l'interrogatoire du commissaire. Il y en avait qui refusaient de se nommer, qui offraient d'énormes sommes afin d'éviter le déshonneur de la poursuite. Une autre était prise par cette folie à intervalles presque réguliers ; et son mari l'enfermait dans son hôtel des Champs-Elysées, lorsqu'elle trahissait par sa nervosité l'approche de la crise... Et Mme Jaline ruminait tous ces récits.

Et puis, un jour, il lui avait fallu revoir l'endroit du vol. Elle avait voulu se rendre compte de la facilité à l'accomplir. Elle avait palpé, elle aussi, de fins mouchoirs brodés. Elle avait cherché des yeux un vendeur. Tous étaient occupés, ou bavardaient ensemble. Que s'est-il passé en elle à ce moment-là ? Elle ne sent plus que l'impérieux besoin de « prendre », une angoisse étouffante, l'attente, la certitude d'un prodigieux plaisir. Elle cède. Et elle se retrouve dans la rue, elle ne sait plus comment, toute volupté abolie, dans l'affolement et l'horreur. Voleuse !

III

Devant ces dentelles qui l'attirent, qui s'offrent, Mme Jaline se remémore, pour se roidir contre la tentation, toutes les étapes de sa chute. Elle a voulu risquer encore une expérience, voir si elle pourrait résister. Mais non, c'est fini. Elle ne s'arrêtera pas à son premier vol. Elle va, dans un instant, en commettre un deuxième ; puis d'autres, jusqu'à ce qu'on lui pose la main sur l'épaule... Elle erre, les genoux brisés. L'intense et court plaisir du larcin la sollicite. De longues terreurs la hantent. Elle se sent déchirée. Pour retarder le moment délicieux et fatal, elle monte au premier étage. Là, penchée sur le balcon, elle distraira sa pensée malade par l'amusant fourmillement du hall. Elle écarte une feuille de paravent qui la sépare de la rampe. Elle laisse échapper un petit cri. Un homme, caché dans les plis de cet écran, épiait de haut la foule ! Ainsi, des yeux invisibles surveillent les défaillances ! Alors qu'on se croit seule, en sécurité, un regard guette le geste terrible... D'un élan, Mme Jaline, dégrisée, descend, gagne la rue. Pour cette fois, grâce à sa découverte, elle est sauvée. Mais l'est-elle à jamais ?

Hélas ! Elle dut s'avouer bientôt que son salut fut uniquement, ce jour-là, l'œuvre du hasard. Car elle se sentait de nouveau tentée de courir à sa perte. Et le mal lui parut d'autant plus incurable que la crainte du châtiment, la certitude d'une surveillance secrète, ne la détournaient même plus du péril...

Sa vie devenait un continuel écartèlement. Les alarmes de sa conscience la retenaient au foyer, l'attrait de l'odieuse joie l'appelait au dehors. Pleine de dégoût, elle avait enfoui, le jour du vol, les mouchoirs brodés sous la garniture d'un fauteuil, dans son salon modeste. Rien que la vue de ce muet recéleur éveillait son remords et ses terreurs. Si la police venait, décousait l'étoffe ?... Quand sa fillette voulait se jeter dans ce fauteuil, elle était tentée de lui crier : « Ne t'assieds pas là ! » Elle avait fini par le reléguer dans un réduit obscur, où elle n'osait plus entrer. Au moins, là, elle ne le verrait plus. Hélène ne serait plus tentée de s'y asseoir.

Sa fille ! C'était d'elle que lui venait la pire angoisse. C'était devant son enfant, pour son enfant, qu'elle tremblait surtout. Que deviendrait-elle, cette petite, si un jour sa mère était arrêtée, traînée en prison comme la dernière des misérables, et jugée, et condamnée ? Car enfin, on absout les riches, celles qui n'ont évidemment pas besoin des objets qu'elles dérobent. Mais elle... Elle était presque pauvre. On l'accuserait de voler par nécessité. Et cette enfant pour qui elle était tout, l'institutrice, la compagne, la sœur, cette frêle petite fille de onze ans resterait toute seule au monde, toute seule, sans autre appui qu'une maman voleuse, en prison. Et songer que cette crainte, la plus forte, la plus sainte, n'avait point empêché son premier vol !... Et que si la pensée de sa fille l'enrayait encore aujourd'hui, elle ne l'arrêterait peut-être plus demain !...

IV

Et tout à coup, dans cette extrême détresse, devant le front grave et les grands yeux réfléchis d'Hélène, une inspiration désespérée l'éclaira. Tout avouer à cette petite, se confier à cette ferme innocence, à cette courageuse faiblesse, s'en remettre à sa vigilance avertie, à sa tendre garde !... Sans plus attendre, de peur de reculer à la réflexion, elle prit la fillette, bien contre elle, entre ses genoux, contre sa poitrine :

— Ecoute-moi, ma petite chérie... Tâche de bien me comprendre... Ta maman est très, très malheureuse. Il faut que tu saches tout... d'abord... voilà ce qui m'est arrivé...

Ah ! cette confession lamentable, que l'infortunée s'arrachait du cœur par lambeaux... Elle essayait de tout raconter, de tout exprimer, l'ivresse trouble du grand magasin, la vue de la voleuse, la complicité muette, les exemples lus dans les faits divers, la contagion mauvaise, le premier larcin caché dans le fauteuil, et la honte, la crainte, la deuxième épreuve, le hasard salutaire, et encore, toujours, l'inlassable assaut des tentations, et cette terreur continuelle, moins encore d'être châtiée que de perdre sa chérie, son seul amour...

— Alors, tu comprends, ma petite Hélène adorée, je suis comme une pauvre malade, qu'il faut soigner, dont il faut empêcher les

LA CARICATURE EN AMÉRIQUE

Gravure extraite du *Judge* de New-York.

RUSSES ET JAPONAIS; POSITIONS ACTUELLES DES BELLIGERANTS

elle leva les yeux, presque craintivement. Elle se trouvait au centre du hall. Tout ce dont une femme aime à se vêtir et s'entourer s'étalait là, servi, offert avec un art capiteux, une croulante profusion... Tout d'abord, cet amoncellement de richesses l'écrasait. Il lui semblait passer entre les corbeilles débordantes d'un jardin trop épanoui, dans une forêt trop touffue, un temple trop somptueux. Elle étouffait d'admiration. Puis, peu à peu, elle s'accoutumait à tant de trésors. Légère à quitter le sol, elle avançait, excitée d'une vie plus dense et meilleure qu'au dehors. Une toute petite pointe de vertige tourbillonnait dans sa tête. Elle perdait sa pleine conscience. Elle sentait dans sa démarche une incertitude amusante. Et elle s'abandonnait toute à la volupté de cette fine griserie.

Soudain, elle fut arrêtée par des dentelles, une coulée monstre de dentelles. Cela vous avait la légèreté de l'écume, la douceur de la ...usse, la molle souplesse du satin et la ...eté cristalline du givre. Elle les respirait, ...me surprise que ces pâles fleurs étoilées ...ssent d'autre parfum que celui du fil ...f ; elle les touchait, heureuse de sentir ...s ses doigts leur trame aérienne et fra... Mais elle cessa d'entendre la rumeur ...la foule ; elle cessa d'entendre les ven...rs, les acheteuses proches. Il n'y eut plus ...monde que ces dentelles. Il lui sembla ...ne haleine les soulevait. Oui, elles bou...ent, elles s'approchaient, s'offraient. Et

停止杀戮吧

1905 年，法国画刊图文报导。木刻版画一幅。小标题：终于来到的和平。图说：俄国士兵（图左）对日本士兵（图右）说："让我们握手言和吧！我们这些死去的兄弟们已经觉得够荣耀了，你呢？"日本士兵回答："但我们躺在那里的弟兄们好像还没有满足。"本图以漫画的形式讽刺当时日俄双方的形势，从 1904 年 2 月 8 日爆发战争后，双方动员的总兵力超过 150 万人，其中 62.5 万人伤亡，战争造成的损失高达 15 亿美元，到双方谈判前，日本的国库资源用尽，俄国也面临国内革命的威胁，可谓两败俱伤。本图漫山遍野都是枯骨与坟墓，天空上甚至出现了上帝的身影，闪耀着光芒大喊："不要再杀戮了！"图中代表日俄双方的士兵也都伤痕累累，终于拄着拐杖勉强地握起双手，迎接迟来的和平。

日本崛起与俄国内乱

日本和谈全权代表小村寿太郎在出发前往朴茨茅斯前，在车站听到周围日本民众山呼万岁的声音，一时感慨说道："归来时之人望将适得其反乎？"送行的总理桂太郎听到了只是沉默不语，小村的随员山座则向小村说："归朝时如仅易万岁之声为混蛋而能了局，就算幸事了。"

果然，沉醉在对俄战争全面胜利的日本人民，完全无法接受只拿到半个库页岛，还没有任何赔款的《朴茨茅斯条约》。愤怒的民众在两国签订合约的同一天，在东京的日比谷公园举行"讲和问题同志联合会"，随着老百姓情绪的爆发，活动也逐渐失序，数百个警用电话亭被砸毁，一千多名民众死伤，支持和谈的报纸《国民新闻》办公室被破坏，日本政府被迫宣布戒严，还命令陆军保护美国使馆。更离奇的事发生在佐世保港，战功彪炳的东乡平八郎旗舰"三笠舰"竟忽然发生大爆炸而沉没，造成 251 人死亡，比对马海战中阵亡的日军人数还多上两倍[1]。

转眼之间，反对和谈的集会在全国各地如雨后春笋般展开，达到了数千人的规模，其中大多是在战争下被重税及物价飙涨而陷入生活困难的底层民众。这些下层的劳动人民，由于日本工业化发展后工匠阶层的解体，成为流民，从农村进入都市，并成为治安的不确定因子。生活上，他们先被政府以战争为理由加以剥削，却被禁止参加官方举办的各种"战捷祝贺"[2]活动以免闹事。游行的民众们认为自己既然也交了税款，便应该成为享有选举权的"国民"，要求参与政治，但战争的胜利同时也使他们深信帝国主义才是国际潮流，无条件支持日本继续向大陆扩张。

这次的游行被部分学者界定为大正民主运动的源头，吉野作造便认为："日俄战争一方面使国民陶醉于帝国主义的海外发展，另一方面也促使国民自觉与民智提高，自然有助于民主思想的开展。"这样的氛围，对内造就了日本大正时代的政党政治与民主政治发展，对外却难以避免地走往侵略主义的方向。

相对于日本力量的崛起，俄国则陷入多年的内乱，日俄战前就已经点燃的革命之火，随着旅顺港的投降更加一发不可收拾。列宁曾在《旅顺口的陷落》中提道："旅顺口的陷落是对沙皇制度的罪行所作的一次最重大的历史总结。这些罪行从战争刚一爆发就已开始暴露出来，现在它们将更加广泛地、更加不可遏制地暴露出来。我们死后哪怕洪水滔天（作者按：原话来自于法国暴君路易十五，他对人民横征暴敛，并曾说他这辈子已经足够，死后管他洪水滔天。）——所有大大小小的阿列克谢耶夫们都这样说，他们没有想到，而且也不相信洪水真的就要来到了[3]。"

革命的洪水就这样一波波向沙皇尼古拉二世袭来，圣彼得堡的工人从1904年底就开始持续罢工，听到旅顺投降后更为激动，要求面见沙皇。1月22日在加彭神父的领导下，十二万人聚集一同前往冬宫请愿，他们高举着尼古拉二世的圣像及十字架，唱着"我主保佑沙皇"的圣诗，守卫的骑兵队竟然对民众开枪，一时秩序大乱，造成二百多人身亡，八百多人受伤，史称"血腥的星期日"，沙皇在人民心中的威信彻底瓦解。

到了对马海战战败的消息传来，俄国黑海主力舰波将金号也发生叛变，俄国各城市中的罢工越演越烈，甚至波及乡村及俄罗斯的边界，沙皇被迫在8月份宣布成立"皇家杜马议会"，却不为民众所相信。莫斯科的铁路工人在10月8日开始罢工，各地随即响应，全国铁路瘫痪，其他如面粉厂及纺织厂的工人也都加入罢工。首都圣彼得堡由于是工业重镇，也拥有最多工会组织，便成立了一个专属的组织来协调各地罢工的行动，也就是后来的"苏维埃"。

为了避免罗曼诺夫王朝在革命浪潮下覆灭，沙皇尼古拉二世再次重用了日俄战争谈判有功的维特，维特开宗明义地要求俄罗斯帝国的根本性改革，包括召开不分种族、宗教的立法议会，及保障人民言论、集会、结社自由等基本权利，以符合大多数人民的期待。沙皇无奈之下只好颁布《十月宣言》，并在1905年底公布了议会组织及选举办法[4]，确立了俄国逐步走向君主宪政的道路。而为了镇压各地的武装起义所带来的军费开支，沙皇只好向欧洲银行团借款，其中主要来自于英国和法国，德国则拒绝贷款，这一举动影响后续俄国进一步与英国、法国签订协约，第一次世界大战中的协约国阵营逐渐成形[5]。

注：

1、Jukes, G. (2005.06). "二十世纪的第一声惊雷." 当代214，48页

2、井口和起 (2012.12). 日俄战争的时代. 台北市，玉山社，185页

3、关捷等主编 (2005). 日俄战争史料集. 大连，东北财经大学出版社，9页

4、贺允宜 (2004). 俄国史. 台北市，三民书局，482-485页

5、阎京生 (2007). 菊花与锚——旧日本帝国海军发展史. 台北市，知兵堂，146页

东京民众提灯游行（见200—201页）

1905年，《L'ILLUSTRATION》图文报导。**图说：东京民众迎接胜利的提灯游行**。每当前线传来捷报，日本各地都会举行庆贺战胜的“祝捷会提灯行列”，以保持人民高昂的斗志。图中东京民众扶老携幼穿着传统的和服，兴高采烈地提着灯笼或高举日本万岁的立牌，沉醉于胜利的欢乐中。

日本万歳

招魂

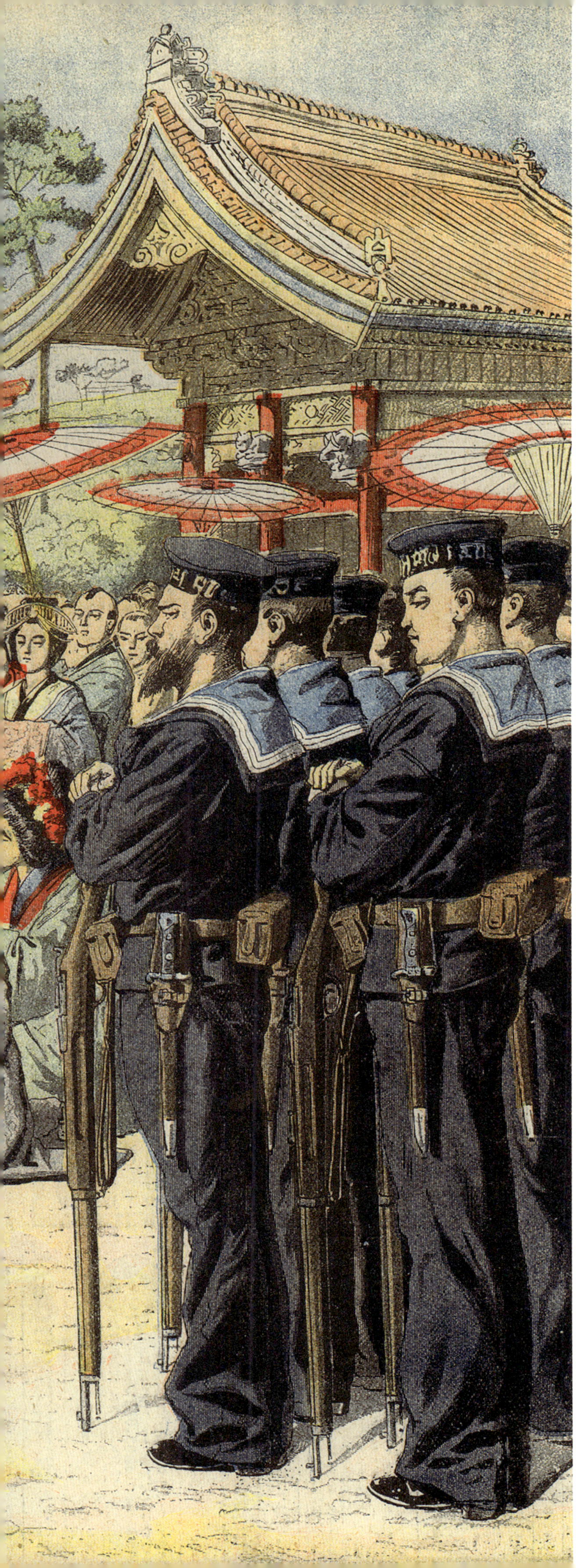

东乡悼念阵亡将士

1905年，《Le Petit Journal》增刊图文报导。彩色石印画一幅。**图说：东乡元帅亲自于神道教丧礼中为日军阵亡将士朗诵祭文。**一般日军战死及病死士兵的丧礼会由地方的兵事会统一举办，仪式通常采取传统神道教或佛教两种。图中日本海军元帅东乡平八郎参加了日俄战后以神道教仪式举行的吊魂祭，亲自朗诵祭文悼念死去的将士。

日本民众攻击法国使馆

1905年5月14日,《Le Petit Parisien》增刊图文报导。彩色石印画一幅。**小标题:日本民众攻击法国使馆**。图中大批日本民众身穿传统和服，手持棍棒刀剑，挥舞着日本国旗，准备攻击法国使馆。法国曾与俄国签署法俄盟约，但却又在英国的介入下，选择在日俄战争中保持中立，仅在俄国太平洋舰队远征时，于东非及安南提供俄国舰队补给相关的协助。尽管如此，此举仍引起日本舆论的不满，导致日本民众愤而攻击法国使馆。

ANDRIEUX

他真的是东乡平八郎!

1906年1月6日，《L'ILLUSTRATION》图文报导。**小标题：广受欢迎的东乡元帅**。日本海军元帅东乡平八郎在对马海战一举歼灭俄军太平洋舰队后，便成为日本最受欢迎的将领，在这篇报导中，法国记者以民众的窃窃私语《这就是东乡，真的是东乡》作为标题，来表现他在日本人民心目中崇高的地位。虽然日本海海战是整场战争最后决定性的真正关键，但战后日本政府却将日俄战争的荣耀归给了陆军，反映出陆军在政治上的影响力，许多陆军将领被授予最高官阶的职衔，而东乡平八郎却一直到近三十年后去世的那一年才被升为海军上将。

京都的庆典

1905 年，《Le Petit Parisien》增刊图文报导。彩色石印画一幅。**小标题：京都的庆典之夜。**图中的京都正逢传统祭典，有身份的士族与陪酒的艺妓在河畔搭建的木台上饮酒作乐，远处的河面上还放起烟花，配合着悬挂着的灯笼，照亮整个夜空，当时的日本全国都笼罩在日俄战争获胜的喜悦中，连主导战争的政治中心京都，也充满了歌舞升平的气氛。

血腥的星期日 （见 210–211 页）

1905 年，《LE MONDE ILLUSTRE》图文报导。**图说：圣彼得堡的暴动，俄国军队为保护冬宫攻击群众。**当俄军在旅顺被击败的消息传来，圣彼得堡的工人们愤怒了，1905 年 1 月 22 日清晨，约十二万名民众在加彭神父的带领下前往冬宫请愿，他们高举着尼古拉二世的人像，唱着“我主保佑沙皇”的圣诗，希望亲自向沙皇递交请愿书，但却被骑兵队和禁卫军用火炮、枪支大肆攻击，造成 200 多人死亡，史称“血腥的星期日”。图中抗议的人民没有预料到士兵真的会开枪，只能抱着被射杀的亲友痛哭、呐喊，人民从此不再相信沙皇是爱民如子的圣父，就连主办请愿的加彭神父也在逃命时大叫：“没有上帝了，没有沙皇了！”

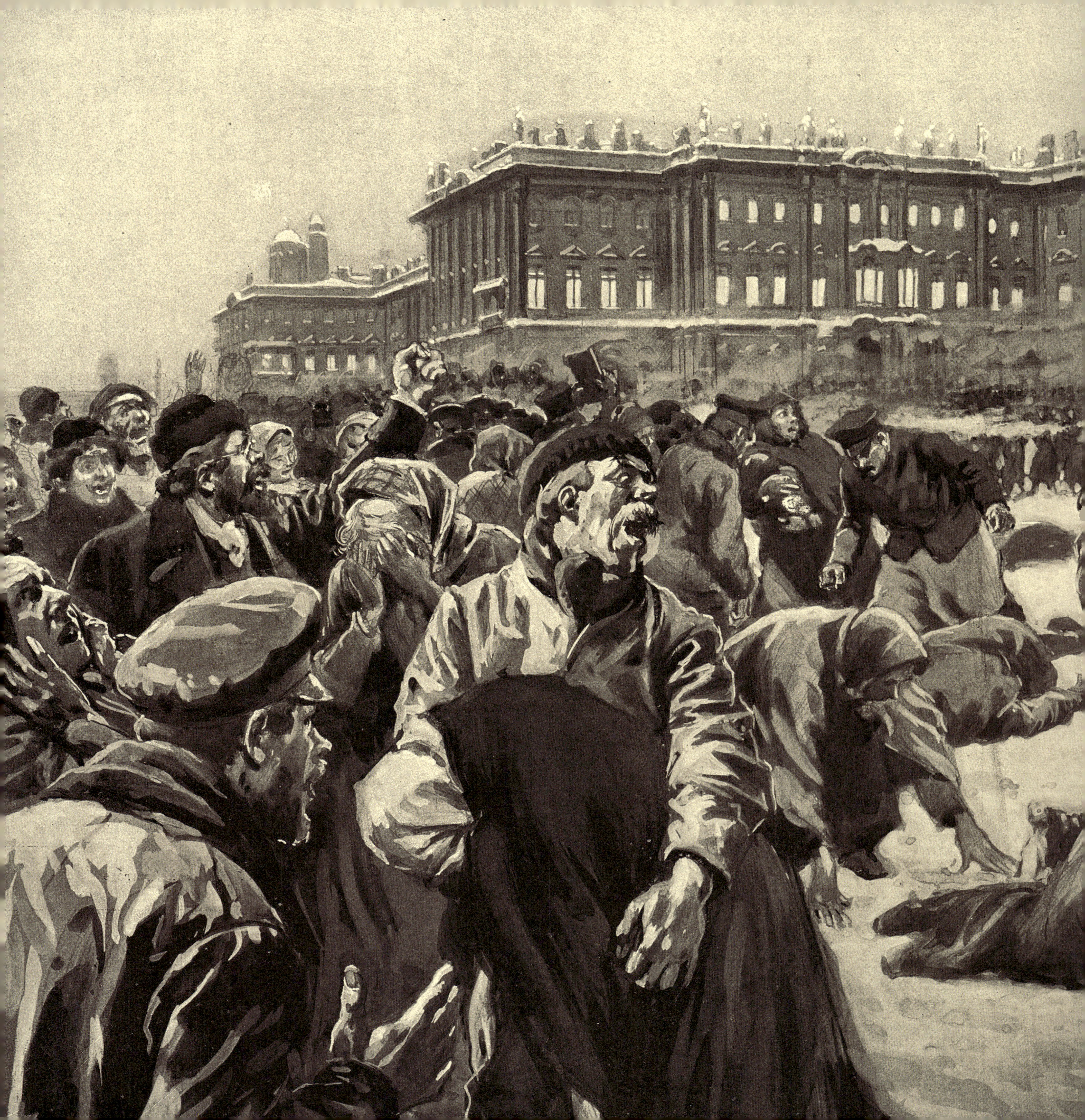

俄国政府的血腥镇压

1905年2月5日，《Le Petit Parisien》增刊图文报导。彩色石印画一幅。**小标题：军队血腥镇压由加彭神父领导的圣彼得堡游行。**图中俄国军队对圣彼得堡冬宫请愿民众开枪，许多人中弹后顿时倒地不起，哀鸿遍野，图右方身着蓝色长袍手持十字架及请愿书的主办人加彭神父，只能大声请求军队停火。领导请愿的加彭神父原本是政府秘密警察的线民，负责分化工会的力量，但当他亲身了解了工人悲惨的处境后，却逐渐改变了对政府的态度，在血腥星期日的镇压后，他写信给离异的妻子：“俄罗斯革命开始了，有人民死亡，但不要让这些烦扰你，因为只有鲜血才能改变我们历史的颜色。”

Dix-Septième année. — N° 835.
Huit pages : CINQ centimes
Dimanche 5 Février 1905.

Le Petit Parisien

TOUS LES JOURS
Le Petit Parisien
(Six pages)
5 centimes
CHAQUE SEMAINE
LE SUPPLÉMENT LITTÉRAIRE
5 centimes

SUPPLÉMENT LITTÉRAIRE ILLUSTRÉ

DIRECTION : 18, rue d'Enghien (10e), PARIS

ABONNEMENTS
PARIS ET DÉPARTEMENTS :
12 mois, 4 fr. 50. 6 mois, 2 fr. 25
UNION POSTALE
12 mois, 5 fr. 50. 6 mois, 3 fr.

LES ÉMEUTES DE SAINT-PÉTERSBOURG
La Troupe refoule les Émeutiers conduits par le Pope Gapon

俄军伤兵回国

1905 年，《LE MONDE ILLUSTRE》图文报导。**图说：俄国伤兵回到圣彼得堡**。图中因为战争截肢的俄国官兵，终于回到久违的家乡，他们抬头看着这些曾经无比熟悉的景物，脸上虽带有一丝战败的落寞，却又难掩返乡的欣慰。依据跟随日军的英国记者报导，日俄战争期间两国对于照顾伤员及战俘几乎严格遵守了国际公约的精神，奉天会战后日军接收了五座俄军的野战医院，却丝毫不介入俄国医官的工作，还不吝于提供各种物资的帮助，并将所有愿意返国的俄国战俘送回俄军边境的驻防地，因此有些回国的士兵甚至表示，日军对待他们比自己的长官还人道。

432 LE MONDE ILLUSTRÉ

GUERRE RUSSO-JAPONAISE. — Les blessés russes, revenant de Mandchourie, traversent les rues de Saint-Pétersbourg

俄叛变舰队寻求政治庇护

1905年，法国画刊图文报导。彩色石印画一幅。**图说：叛变的俄舰波将金号水兵请求罗马尼亚政治庇护。**虽然获得人民及其他数艘舰队的同情，但因起义事出突然，后勤供给不足，叛变的波将金号在俄国政府援军的攻击下也逐渐支撑不住，便决定向罗马尼亚政府寻求政治庇护。图中波将金号已经停泊在罗马尼亚的港口，并有官员上船接受俄国水兵们的投降，后来罗马尼亚政府将波将金号还给俄国，波将金号的故事还被拍成著名的俄国电影《战舰波将金号》，成为俄国革命的重要象征。

俄国边境的农民暴动 （见216-217页）

1905年，《LE MONDE ILLUSTRE》图文报导。**图说：俄国农民暴动。**沙皇政府的《十月宣言》造成了意想不到的政治影响，连俄国边界波罗的海地区的农民也利用此宣言趁机发起暴动。本来当地的统治阶级是日耳曼族的地主，俄国政府不断在暗中怂恿当地农民反抗日耳曼人，制造双方的矛盾与纠纷，当地农民把《十月宣言》拿来作为反抗权威的合法性基础，公然抢夺日耳曼地主的财产与土地，甚至伤害他们的性命，俄国政府乃下令建立临时总督府，并把当地纳入直接的军事管理，才将秩序稳定下来。

朝鲜王朝的悲剧

甲午战争后，日本的势力进入朝鲜半岛，开始全面控制朝鲜政局。1895 年 10 月 8 日凌晨，新任的日本驻朝鲜公使三浦梧楼秘密策动大院君发动政变，并指挥日本训练队进攻韩国皇宫景福宫，韩国宫廷的美国训练官戴伊率领侍卫进行抵抗，被砍倒在地，差点魂断异乡，混乱中日本浪人抓住了来不及逃跑的高宗皇帝，逼他废黜排挤亲日派的闵妃，高宗以死相拒，暴徒们却已杀红了眼，直接冲入内廷，高声叫喊“闵妃在哪里”，此时闵妃已换穿一般宫女服饰躲在人群里，暴徒找了两个长得最像闵妃的人当场砍杀，确认是闵妃尸首无误后，便加以焚烧后丢入池塘，毁尸灭迹，史称“乙未事变”。而这位牺牲的闵妃，在日后被追封为“明成皇后”，也因为她英勇的抗日行径，受到后世人民的高度崇敬[1]。

韩国的命运进入悲惨的状态，在 22 年前（1873 年），高宗的父亲大院君李昰应结束长达 10 年的摄政，朝鲜的政局落入闵妃及闵氏家族的手中，闵妃还曾重用亲日的开化派官员主政，随后日本率军舰强迫朝鲜政府签订《江华条约》，逼迫朝鲜开放釜山、元山、仁川等通商口岸，实现了明治政府大陆政策扩张的第一步。

《江华条约》签订后，日本对朝鲜开始政治和经济的侵略，引起朝鲜各阶层的不满，军队于 1882 年发动了“壬午兵变”袭击日本使馆，大院君乘乱东山再起。清朝与日本都派兵进入朝鲜平叛，日军本来想要拥戴高宗的新政府，并说服朝鲜取消与中国的藩属关系，达成进一步对朝鲜的政治控制，却被袁世凯率清军击退，日本举国哗然，虽然中日双方后来签订了共同撤兵的天津条约，但中国就此成为日本扩张的首要假想敌[2]。

经过十年的准备，日本在甲午战争一举战胜中国，让朝鲜完全结束了与中国的藩属关系，落入日本的控制。朝鲜战后也在日方主导下，由开化派的政治家开始实施仿效日本的近代化改革，却在闵妃的介入下，高宗皇帝决心引入俄国的势力来打击日本，亲日的新派逐渐势微。此时三浦梧楼接任日本公使，饱经战阵却不懂外交的三浦决定诉诸暴力，直接发动政变废掉高宗，拥立大院君，才发生了上述血腥的乙未之变[3]。但这次行动的影响却远远超过日本想象，不只让日本被国际媒体冠上残忍、凶暴、野蛮等种种负面形象，更导致了日本与俄国的直接冲突。

乙未之变后，俄国抓准时机，力邀高宗进入俄国使馆躲避，并从军舰调来水兵进行护卫，在高宗成功逃脱日本武装人员的阻拦后，俄国使馆在当天就发布了盖有高宗玉玺的讨逆令，被当成“逆贼”的亲日派的朝鲜内阁瞬间土崩瓦解，朝鲜代表团与俄国签订条约，俄国获得了出兵、采矿、铁路、电报等种种在朝特权，并得以参与朝鲜的政治。日本无奈只好与俄国签订《日俄东京协议》，双方约定互相分享在朝鲜的权力，而此时俄国由于已经强占了中国的旅顺与大连，获得长期追求的温水港，所以愿意减缓在朝鲜的扩张，承认日本在朝鲜可以“大力发展”的利益，双方暂时在朝鲜议题上休兵。

这暂时的和平并未延续太久，三年后（1901 年），当八国联军开始与中国和谈时，俄国却对日本发出照会，要求让朝鲜“中立化”。此举等于是俄国片面撕毁《日俄东京协议》，否定了过去承认日本在朝鲜的特殊利益，终于触犯了日本最敏感的神经，加上三国干涉还辽的旧账，战争已无可避免。

朝鲜高宗在离开俄国使馆回朝后，宣布进行光武改革，正式改国号为大韩帝国，并自封为皇帝。但一直夹在日俄两个强权之间，韩国上下都对即将在自己土地上的战争感到担心万分，韩国政府在 1904 年 1 月 23 日向列强拍发电报，表示“无论日俄两国与韩国之协商结果如何，已确定坚持严正中立之决心”。无奈日本却视而不见，一开战就先占领了韩国首都首尔以南的地区，并进一步大举登陆控制平壤，2 月 23 日日本逼迫韩国政府签署《日韩议定书》，让日本可以征用土地及指挥韩国的官员和军队，5 月 18 日日本逼迫韩国颁布《对露饬宣书》，公开与俄国断交并进入交战状态，8 月 22 日两国又签订《第一次韩日协约》，从此由日本指派顾问剥夺韩国在财政及外交上的实权。至此，韩国不只中立无望，更彻底沦为日本的保护国[4]。

日俄战后双方签订《朴茨茅斯条约》，俄国承认日本对韩国的“指导、保护、监督”的权利，日本终于可以彻底支配朝鲜半岛，并逐步完成并吞韩国的计划。1906 年日本先在韩国成立了统监府，由伊藤博文担任第一任统监，随时干预韩国政治。1910 年，李氏王朝最后一任皇帝纯宗请求与日本合并，双方签订了《日韩合并条约》，将韩国主权永远让与日本，大韩帝国就此灭亡，日本的统监府改制为朝鲜总督府，展开长达三十五年的殖民统治[5]。

注：

1、OCT (2011.05). 日俄战争——开战背景及海战始末 . 台北市，知兵堂，42-46 页
2、蔡凤林 (2008). 日俄四次密约——近代日本“满蒙”政策研究之一 . 北京，中央民族大学出版社，19-22 页
3、同注 1，38-41 页
4、权赫秀 (2005). “日俄战争对近代中韩关系的影响 .”近代史研究 6，12-13 页
5、李永炽 (2005.06). “日本与日俄战争 .”当代 214，30 页

俄军盘问朝鲜农夫（见 222–223 页）

1904 年，法国画刊图文报导。**图说：俄国巡逻队盘问平壤附近的农夫。**为了打击日军在辽东半岛的登陆军，俄军派遣了米司浅靠少将指挥骑兵在平壤进行搜索，并成立东部支队在鸭绿江畔守备，此时日军已经在平壤建立起坚实的防线，并往辽阳步步进逼。图中由于日军对平壤的防守严密，俄军骑兵只能在周围向农民打探日军情报。

俄军劫掠朝鲜的村庄

1904 年，《Le Petit Journal》增刊图文报导。彩色石印画一幅。**小标题：无赖行径。图说：哥萨克骑兵袭击朝鲜的村庄。**日俄战争中受害最深的不是两国的军士，而是被无辜波及的中国与朝鲜的人民。图中俄国哥萨克骑兵手持长枪闯进朝鲜的农村，肆意捕杀农民辛苦饲养的牲畜，两旁的百姓只能当场跪下磕头，拜托他们手下留情，而骑兵们在强取豪夺之余，竟还拿马鞭抽打人民作乐。

Numéro 276.

29 Janvier 1904.

LA VIE ILLUSTRÉE

A PROPOS DU CONFLIT RUSSO-JAPONAIS

PORTRAIT OFFICIEL DE S. M. YI-HÖNG, EMPEREUR DE CORÉE

Le portrait que nous publions aujourd'hui a été exécuté, l'an dernier, à Séoul, par M. de la Nézière lequel, en 1902, reproduisait, déjà, "officiellement", ainsi que les lecteurs de la *Vie Illustrée*, en furent informés alors, par M. Jean Ajalbert, les traits de l'empereur d'Annam. Le nouveau portrait, que nous donnons, figure dans la salle du trône du souverain coréen, La figure impériale est encadrée des cinq montagnes sacrées, des fleuves de la Corée, des forêts du pays et de la mer déferlante. Dans le ciel brillent, à gauche, l'astre du jour, à droite, l'astre de la nuit.

朝鲜高宗李熙

1904年1月29日，《La Vie Illustrée》增刊图文报导。小标题：关于日俄冲突。图说：朝鲜皇帝。这篇报导里法国记者犯了许多错误，首先，当时的朝鲜皇帝应为李氏皇朝第二十六代高宗李熙，而图中的人像也确为李熙本人，但根据图说的拼音，记者误以为当时李熙的父亲大院君李昰应才是皇帝，而且还将“昰应”二字拼反，这充分显示法国记者对朝鲜政治的不熟悉，亦可能是由于大院君摄政时间较长，甚至曾被日本人发动政变短暂扶植为傀儡政权，引起世界舆论哗然，较为国际媒体所知。

日本大使会见朝鲜皇帝

1904 年 2 月 6 日，《LE MONDE ILLUSTRE》图文报导。**图说：日本大使乘轿前往会见朝鲜皇帝。**图中日本大使进宫和皇帝商讨需要朝鲜政府配合的事宜，日俄战争前朝鲜政府一再向日俄两国申请“中立保障”，日本政府却只是回复“苟欲为中立国以上，本身需有保持自国之决心及实力”加以拒绝，目标明显是要直接控制朝鲜成为战争的据点。日军在报导当天控制了由釜山至首尔间的道路及电信，并在登陆后要求朝鲜政府签订议定书表示同意，朝鲜政府完全陷入了日本的掌控之中。

LE MONDE ILLUSTRÉ

48e Année | 6 Février 1904 | N° 2445

DANS SA CHAISE A PORTEUR, LE MINISTRE DU JAPON A SÉOUL SE REND CHEZ L'EMPEREUR YI-HYEUNG POUR EN OBTENIR L'ACCENTUATION DU PROTECTORAT SUR LA CORÉE

Cette audience a précédé les délicates négociations entre le Japon et la Russie qui doivent aboutir à la délimitation de l'influence respective de chaque nation, en Corée et en Mandchourie (Dessin de M. Charousset, d'après le croquis de notre correspondant à Séoul)

大安門

朝鲜皇室进行祭祀

1904 年，《La Vie Illustrée》增刊图文报导。**小标题：朝鲜举行一年一度的重大祭典。**图中皇帝与皇太子分别坐在轿子里，一旁戴白色帽子的僧侣一边诵经一边开道，满朝大臣们则穿着整齐的朝服陪侍步行，外国还有大量的士兵护卫。此篇报导中法国记者乃误认高宗李熙为其父李昰应，高宗任内曾至少举办两次大型祭天仪式，第一次在甲午战争后，宣告断绝与中国的宗藩关系，第二次则在日本密谋暗杀闵妃政变后，高宗藉由俄国的庇护回到宫内，宣布进行光武改革，正式改国号为大韩帝国，并自封为皇帝。

日军占领首尔

1904 年 2 月 28 日，《Le Petit Parisien》增刊图文报导。彩色石印画一幅。**小标题：日军占领朝鲜首都首尔**。中日甲午战争后，日本便借口保护侨民及电信线路于首尔、元山、釜山等地驻军，开战前日本更正式在首尔设立了朝鲜驻扎队司令部，并秘密进行后续陆军的登陆作业，在相关设备、铁路运输及宿营地都准备妥当后，2 月 6 日日军一口气切断朝鲜国内联系俄国的所有电信线路，8 日起先头部队开始登陆仁川，随即进占朝鲜首府。图中可看到大批日军进入首尔城内，几乎没有遇到任何抵抗，两旁的朝鲜民众只是驻足而观，已经习惯日本驻军的百姓，似乎并未感受到生活将有所改变。2 月 11 日首尔的俄国大使降下国旗归国，日韩签下同盟合约，朝鲜正式成为日本陆战军事行动的主要据点。

Seizième année. — N° 786. Huit pages : CINQ centimes Dimanche 28 Février 1904

Le Petit Parisien

TOUS LES JOURS
Le Petit Parisien
(Six pages)
5 centimes
CHAQUE SEMAINE
LE SUPPLÉMENT LITTÉRAIRE
5 centimes

SUPPLÉMENT LITTÉRAIRE ILLUSTRÉ

DIRECTION: 18, rue d'Enghien (10e), PARIS

ABONNEMENTS
PARIS ET DÉPARTEMENTS:
12 mois, 4 fr. 50. 6 mois, 2 fr. 25
UNION POSTALE:
12 mois, 5 fr. 50. 6 mois, 3 fr

LA GUERRE RUSSO-JAPONAISE
OCCUPATION DE SÉOUL PAR L'ARMÉE JAPONAISE

首尔街道的俄法军队

1904 年 2 月 7 日，《Le Petit Parisien》增刊图文报导。彩色石印画一幅。**小标题：法国及俄国驻军巡视首尔的街道。**为了协调在朝鲜的争议，日俄两国曾在 1898 年签署了议定书，确保朝鲜的独立与主权，俄国虽然承认日本对朝鲜有特殊的经济利益，却也不愿完全将势力退出朝鲜，两国协议对朝鲜享有相同的驻兵权，并可协商派驻朝鲜的军事与财政顾问人选，形成暂时的权力平衡。本篇报导当时日俄两国冲突已白热化，西方各国都派出武装人员保护自己的使馆，图中为法国及俄国的警备队在首尔街头巡视。

Seizième année. — N° 783. Huit pages : CINQ centimes Dimanche 7 Février 1904.

Le Petit Parisien

TOUS LES JOURS
Le Petit Parisien
(Six pages)
5 centimes
CHAQUE SEMAINE
LE SUPPLÉMENT LITTÉRAIRE
5 centimes

SUPPLÉMENT LITTÉRAIRE ILLUSTRÉ

DIRECTION: 18, rue d'Enghien (10ᵉ), PARIS

ABONNEMENTS
PARIS ET DÉPARTEMENTS:
12 mois, 4 fr. 50. 6 mois, 2 fr. 25
UNION POSTALE:
12 mois, 5 fr. 50. 6 mois, 3 fr.

EN CORÉE

La Garde des Légations Française et Russe dans une rue principale de Séoul

日俄陆战第一战

1904 年，《Le Petit Parisien》增刊图文报导。彩色石印画一幅。**小标题：日俄双方于平壤附近进行了陆战的第一战**。日本陆军第一军于 2 月中旬先组织了临时派遣队登陆仁川，并进军平壤，2 月 28 日俄军米司浅靠少将率领骑兵攻击平壤的七星门，日军由为数不多的步兵与日侨义勇队共同防守，并成功驱逐俄军，是日俄两军在陆上的第一战。图中日军藉由山势及建筑物的掩护进行射击，同时日军十二师的骑兵团也准备绕到敌军侧翼进行突袭攻击。

日军进入平壤城 （见 234–235 页）

1904 年 7 月 09 日，《L'ILLUSTRATION》图文报导。**小标题：日军行进时围观的朝鲜百姓**。图中描绘日军进入平壤城大同门时，两旁有大批的朝鲜人民围观，从服装的穿着与颜色，尤其是传统的韩式帽饰，可以清楚分辨两国人的身份，平壤地处内陆，平时较少看到大批的日军，又听到日俄开战的消息，引起百姓扶老携幼好奇围观。

CARREY

大同門

日军攻击当地朝鲜民兵

1904 年 1 月 2 日，《LE MONDE ILLUSTRE》图文报导。**图说：在仁川登陆的日军与朝鲜当地人产生冲突。**此时日俄在远东的形势已经相当紧张，由于双方在仁川都有驻军，冲突似乎一触即发，在朝鲜西南海岸的木浦又爆发日本侨民与当地朝鲜民众的流血冲突，日军舰队随即开拔至木浦港增援及示威。图中日本海军登陆后与当地朝鲜人发生剧烈的流血冲突，面对日军精良的武器装备，朝鲜的民兵只能用传统的刀剑棍棒奋勇抵抗，保护女子及小孩离开。

LE MONDE ILLUSTRÉ

48ᵉ Année | 2 Janvier 1904 | Nº 2440

CONFLIT CORÉEN-JAPONAIS. — *Rixe à Chomulpo, entre des soldats d'infanterie de marine que le Japon a débarqués et des natifs de la Corée, protégeant des femmes et des jeunes filles* (Dessin de M. G. Bigot)

日军役使朝鲜人民

1904年4月23日，《L'ILLUSTRATION》图文报导。**小标题：日军役使朝鲜民众搬运军需。**日本占领朝鲜后，许多朝鲜民众便被日军强迫征调，为战争进行协助。图中朝鲜挑夫搬运着繁重的军需品，腰杆都难以挺直，木箱上写着日军第五师，身旁两个日军看到他吃力的步伐，却只在他身后指指点点，一脸讪笑的表情。

Ce numéro est accompagné d'une grande gravure hors texte, tirée en couleurs.

L'ILLUSTRATION

Prix du Numéro : 75 centimes. SAMEDI 23 AVRIL 1904 *62e Année. — No 3191.*

LE SOLDAT JAPONAIS ET LE PORTEFAIX CORÉEN

Scène de la guerre d'Extrême-Orient, d'après une photographie instantanée prise à Séoul.

罗斯福总统之女造访朝鲜

1905年10月8日，《Le Petit Parisien》增刊图文报导。彩色石印画一幅。**小标题：美国罗斯福总统之女抵达首尔访问**。本图描绘艾丽斯·罗斯福及美国代表团出访韩国首都首尔，此次亚洲访问团相当盛大，共走访了日本、夏威夷、中国、菲律宾及朝鲜，被称为“帝国航程”。图中艾丽斯乘坐华丽的轿子，准备前往皇宫拜见朝鲜皇帝，身旁则有大批日本及朝鲜军队进行护卫。美国在日本公开承认自己在菲律宾的利益之后，也支持日本将朝鲜纳为保护国的政策，罗斯福总统甚至曾说：“朝鲜绝对是日本的，条约中明确且严正地保证朝鲜可保有独立，然而朝鲜本身无力实践条约。朝鲜做不到的事，由外国来代劳自是不在话下。”

日本代表胁迫朝鲜皇室

1904 年 9 月 04 日，《La Vie Illustrée》图文报导。**小标题：日本占领朝鲜。原图说：日本官员会见朝鲜皇室发布命令。**日俄战争刚爆发时，朝鲜政府一度希望宣布中立，却在日本军队的直接武力威逼下，先签订了《韩日议定书》六条，接受日本对于朝鲜施政改善的“忠告”，随后正式设立“朝鲜驻扎军”，双方 8 月份又签订了《第一次韩日协约》，剥夺朝鲜在财政、外交领域的实权。图中日本的官方代表直接向朝鲜皇帝及皇后告知日本相关的政令措施，要求其配合，朝鲜皇帝与妻子面面相觑，有怒不敢言，朝鲜已完全置于日本的宰制之下。

中国的衰弱与生机

日俄战争时，《中国白话报》曾经刊登了一段模拟两人对话的文章，寥寥数语，却充分表达民众对中国前途的忧虑[1]：

“日俄之间因为都想要占领东三省，所以打起仗来。”

“无论哪边输赢，中国总没了便宜了。”

“那各国，也要趁着这时候，商量瓜分的事情了。”

“中国能够保的住，这就是中国的万寿了。中国不能保的住，这就是中国没有万寿做了。”

义和团之乱后，使得中国政府成为“洋人的朝廷”，但同时也让西方列强意识到，或要蚕食或者鲸吞这个庞大的帝国是几乎不可能，且毫无益处的事，八国联军司令官德国瓦德西元帅（Alfred Graf von Waldersee）就曾说：“无论是欧、美、日哪一个国家，都不具备支配这个世界四分之一人口的智慧及兵力，因此瓜分实在是下下策。”曾任日本内阁总理的山县友朋也认为：“有着数千年历史，十八省四亿人民的老大国，是不会于一朝灭亡的，且急而取之，利少害多[2]。”因此，美国的门户开放政策得到了列强的同意，避免中国遭到形式上瓜分的命运，但《辛丑条约》天价的赔款及开放各国驻军等措施，也已经让清朝政府的统治权名存实亡。

庚子事变后俄军强占东北，进一步激化和日本的冲突，也引起列强的不满，面对日俄两国即将在自己土地上开战的气氛，中国内部虽然有些争论，但对自己现在还剩多少实力却还是了然于胸的，直隶总督袁世凯便上书强调：“附俄则日以海军扰我东南，附日则俄以陆军扰我西北，不但中国立危，且恐牵动全球。日俄果决裂，我当守局外。”日本考虑再三，怕中国参战会扩大其他西方列强的干预，且军费可能会影响中国应该给自己的赔款，也支持中国不要参战。战争爆发后，英、美、德国先纷纷表示中立，也发出通牒要求中国表态，并且划定交战区，保障其他疆土的安全。因此，日俄开战后两天，清政府便以光绪皇帝的名义颁布上谕，宣布局外中立：

“现在日俄两国失和用兵，朝廷念彼此均系友邦，中国应按局外中立之例办理。着各直省将军督抚，通饬所属文武，并晓谕军民人等一体钦遵，以笃邦交，而维大局，毋得疏误[3]。”

清廷对“中立”并不陌生，甚至可说在十九世纪中引入国际法概念后，便对此大感兴趣，非但传令各级官员严格执行，还制定局外中立条例以供遵守，期间更发出大量谴责日俄破坏中立的外交照会，充分表现中国严守中立的努力。但交战中的日俄两国却并不领情，一再破坏中立的各种规定，而直接受害的，就是被战火波及的东北百姓，根据当时的《东方杂志》记载："吾中立国之民生息于其地者，掷生命数十万，死亡之数，过于日俄两军[4]。"后续调查则估算东北直接死于战火的人民至少有两万人以上，财产损失约白银六千九百万两[5]。

日俄两国对待中立区人民的恶劣行径罄竹难书，例如两军肆意在中立区掠夺军需物资，虽然清政府规定"粮食柴草一切日用之物，需该国军队自行筹备携带，以符我守局外之例"，俄国政府却刻意曲解为中国官方不得接济交战国，不过民间商人不在此限，因此俄军遂向民间大量"购买"粮食，但"稍不应允，即行强取[6]"，而购买的凭据也大多不是真金白银，而是俄军自己随意发行的巨额"军用票"，被中国民众称为"羌贴[7]"。随着战争的进行，俄军干脆直接公开抢劫，还派军队到中立地区强购粮食，不只粮米被抢夺一空，农民种的高粱菽薯也被割下来作为马料，东北大地纵横千里，几同赤地[8]。

尤为甚者，日俄两军甚至肆意拘禁中国的官员，没收中国军的武器，奴役中国百姓，两国占领区内，虽名为中国疆土，但实际上已完全由占领者支配。俄国在东北的大城市都设立了"人民委员"，要求中国地方官员为其服务，强行征用粮食军需，并征调人民从事炮台、壕沟等各种军事设施的建造[9]。日军则在中国领土上强行设立"军政署"，推行全套殖民地的统治方法，包含了完整的户口、职业、物价等种种调查，及制定各种公共卫生规定，违者重罚，而俄军对人民的种种横征暴敛，日军也全部照单全收，甚至强迫百姓担任战时的搬尸队[10]，日本史家形容"地方上的居民早已忘记许多中国官衙仍然存在[11]"。

两军更动辄对人民冠以莫须有的间谍罪名加以杀害，曾有一名农村里的杂货店老板因为被日军怀疑肤色太白，不像一般务农的庄稼汉，就被推入山沟中处死。据记载当日军进入辽阳城时，百姓"稍涉间谍嫌疑者，或枪杀或活埋"，其中甚至包括中国的地方官员，辽阳知州陈良杰在辽阳会战结束两个月后才到任，却仍被诬陷以"资助俄军"的罪名而被处死[12]。

东北人民的惨况连日本人办的《盛京时报》也感到不忍，曾经形容中国百姓"陷于枪烟弹雨之中，死于炮林雷阵之上者数万生灵，血飞肉溅，产破家倾，父子兄弟哭于途，夫妇亲朋呼于路，痛心疾首，惨不忍闻[13]"，正是东北战区被日俄铁蹄蹂躏的写照。

《朴茨茅斯条约》签订后，日本与中国签订了《东三省事宜条约》，不仅接管了辽东半岛南部的俄国租借地作为关东州，还将独占的势力范围延伸到东三省的南部地区。日本为了经营满洲，分别成立了"关东都督府"及"南满洲铁道株式会社"，前者负责政务管理、后者专司产业经营，另外还有关东军的军事力量，日本取得侵略中国和亚洲的最重要基地，全面展开对外扩张的政策，终于导致后续如二十一条要求、九一八事变及伪满洲国、伪华北自治运动、七七事变、太平洋战争……

另一方面，日俄战争也带起了亚洲各民族对政治活动的觉醒，清廷于战争进行时，由袁世凯在天津成立了新军，采用西方军队的装备和训练。日俄战争提醒了中国有志之士，抱残守缺必将导致亡国，中国全面的现代化，包括政治、军事、经济、教育、文化等多方面，乃刻不容缓之事，这股认知席卷了朝野人士，朝廷方面派遣五大臣前往西洋考察，加快了君主立宪的改革工程。至于革命分子，较过去更为活跃，许多知识分子参加了革命阵营，包括新军中的开明军官，革命思想逐渐转化为社会的主流。中国革命领袖孙文就曾于演讲提道：“日本的获胜，被认为像是亚洲全民族击败了欧洲一样，埃及、波斯、土耳其、阿富汗、阿拉伯都掀起了革命运动，印度人也开始了独立活动，日本战胜俄国的结果孕育出了亚洲民族独立的巨大希望[14]。”这股力量在中国燃烧得尤其剧烈，前往日本留学的学生人数在战后一年之间增加了超过两倍，师法日本进行改革的声浪成为主流，革命运动延续了战前反俄组织的力量，在日俄朴茨茅斯和谈时，成立了中国革命同盟会，誓言“驱除鞑虏，恢复中华，建立民国，平均地权”，并推举孙文为总理，组织逐渐完备，也将中国的革命推入了新的阶段。中国在日俄战争的悲惨处境中，努力奋起，创造生机，以改变民族的最终命运。

注：

1、陈丹 (205.12). “日俄战争——当时中国人怎么想.” 历史月刊 215，76 页

2、井口和起 (2012.12). 日俄战争的时代 . 台北市，玉山社，61 页

3、董志正等编著 (2005). 日俄战争始末 . 大连，东北财经大学出版社，154-156 页

4、权赫秀 (2005). “日俄战争对近代中韩关系的影响.”近代史研究 6，7 页

5、赵国材 (2007.12). “日俄战争期间所涉及之国际法问题.”律师杂志 339，48 页

6、实践学社编 (1964.05). 日俄战争研究，实践学社，161 页

7、同上注，326 页

8、同上注，318 页

9、万安中 (2011.08). 战争与革命：世界史研究一隅 . 北京，经济管理出版社，107 页

10、OCT (2011.05). 日俄战争——开战背景及海战始末 . 台北市，知兵堂，315 页

11、同注 9，110 页

12、同注 10，319-320 页

13、同上注，318 页

14、同注 9，165 页

俄军借刀杀人（见 246–247 页）

1904 年，法国画刊图文报导。**图说：俄军当众处决意图破坏铁路的土匪。**由于铁路是俄军一切补给的命脉，对于胆敢破坏铁路者自然毫不宽待，必须当众处死。图中的死囚为计划损毁哈尔滨至奉天铁路的土匪，但画面更讽刺的是从囚犯、协助的衙役，到行刑的刀斧手清一色皆为中国人，俄国的官兵只在后方围观及维持秩序，不愿脏污自己的双手。右方的死囚被一人紧紧按在地上，另一人拉住他的辫子固定头颅的位置，刀斧手则抡起锋利的钢刀正要落刀。图左的另一名死囚见状已瘫软在地，衙役则帮他解除脚镣。行刑完后也还不算完事，两人的头颅将被放在地上的盛篮中，悬挂示众，以儆效尤。

中国奉天将军

1904 年，《Le Petit Journal》增刊图文报导。彩色石印画一幅。**小标题：满洲前线的中国军队。图说：中国奉天将军及其军队。**图中画的是日俄战区中的中国将领及军队，当时中国驻守东北的最高长官是盛京将军增祺，但报导中却以“马将军”相称，而画面中的军旗则是写“李”家军，推测可能是记者不了解中国形势而误会。而其中又涉及了另一段有趣的因由，由于俄国曾于义和团之乱时借口出兵强占东北，增祺希望与俄国远东总督阿列克谢耶夫和谈，却不敢亲自前往谈判，这时有一个手下的小官马忠骏出面表示愿意代表与俄国会谈，交涉时进退有据、不卑不亢，让俄方也感到钦佩，便愿意停止进攻，让中国政府出面维持地方秩序，后马忠骏因谈判有功升官，人称“马道台”。此处所谓的“马将军”亦可能是记者误把谈判代表马忠骏当做增祺本人了。

勇
勇

无奈的中国驻军

1904 年，法国画刊图文报导。**小标题：保持中立的中国。图说：奉天将军带领军队前往满洲边境。**日俄开战后中国即刻宣布保持“中立”，并将辽东划为战区，但毕竟战场位于中国境内，日俄双方都希望藉由战争拓展在东北的势力，因此破坏中立的行为层出不穷，也让中国政府陷入两难。图中描写清廷为维持直隶地区的中立地位，增派兵力进驻辽西地区，当时俄国故意入侵划为中立区的辽西，日本马上质疑中国的立场，北洋大臣袁世凯随即致电俄国远东总督阿列克谢耶夫要求撤兵，经过三个月的斡旋，俄军才撤出中立区。

俄国总督与中国官员的谈判

1904 年 4 月 22 日，《La Vie Illustrée》增刊图文报导。**小标题：俄国远东总督阿列克谢耶夫与中国盛京将军**。日俄战争开战后，盛京将军增祺对俄国发出照会，希望俄军尊重中国的中立立场，不要再强抢民间物资，不料俄国远东总督阿列克谢耶夫竟派人送去“俄国阿提督晓谕一纸”，要求“东三省军营商会绅民一体凛遵”，其中提到希望中国政府相助对抗俄军，俄军不但不忍欺凌，还会保护中国人民，但若“华官民仇视俄军，俄政府定行轸灭此人，绝不姑息”，继续抢掠粮草牲畜、强占民宅，甚至役使中国的地方官吏。图片为清朝官员率队前往俄军大营与总督阿列克谢耶夫谈判。

何

俄军丑陋的“文明”

1905 年，《JOURNAL DEL VOYAGE》图文报导。**图说：文明的教鞭。**本篇报导里法国随军记者看见俄军对待中国人民的残酷暴行，故意写下了一个讽刺的标题，形容俄国的“文明”军官正用皮鞭对中国人进行“教化”。战时俄国军队大量征调东北的百姓充当苦力，据当时中国日报揭露：“在该处谋生之华人，目下之苦楚已极万分，惨状难言，妇女则尽供兵卒之淫辱，乱行抢掳，男人之中的山东人可为机器匠者，充作修理炮台之事，如一迟慢，即以鞭棍交加，暗中逃遁者，即以重罪处治，甚至有为其治死者。”

奉天俄军强征中国人民物资（见256–257页）

1905年5月25日，《L'ILLUSTRATION》图文报导。**小标题：俄军占领奉天的最后几天**。日俄战争前，俄国便把东北当作供应远东军队的粮仓，甚至运至俄国本土及海外进行加工后出售，战争爆发后，俄军更疯狂地劫掠粮食和各种农业副产品作为军需使用。图中俄军即将撤离奉天，强迫城内的中国百姓交出所有能用的资产，打包捆好放到运输的马车上，被压迫的中国人民不仅要无条件地献上自己全家仅存的口粮，还需要顺从地帮忙搬运，郁闷及不满溢于言表。

日军残酷处决中国官吏

1905年4月23日，《Le Petit Journal》增刊图文报导。彩色石印画一幅。**小标题：日军在满洲残酷的报复行为。图说：日军指控中国官员为俄国间谍并加以处决**。日俄战争过程中，中国东北民众先要面对俄军败退奉天沿途的烧杀淫掠，接着又要面临入城日军的严厉统治。据记载在日军进入辽阳城时“稍涉间谍嫌疑者”，便“或枪杀或活埋”，宁可杀错，绝不放过，无辜的中国百姓不断被以莫须有的罪名送入刑场，其中甚至包括辽阳的知州陈良杰，在辽阳会战结束两个月后，还被日军以涉嫌资助俄军的罪名处死。

日本侦察兵盘问东北民众

1904 年，法国画刊图文报导。**图说：鸭绿江战役后，日军侦察兵盘问沿途的中国人。**此图日本侦查队在雨中盘问一名路过的中国人，路人手指明确的方向，不确定日军是在问路还是在确认俄军的动态。日俄战场上的东北百姓纵使不死于战火，也时常被冠以奸细之名加以伤害，曾有记载一位杂货店老板和儿子赶着车去拉马粪，中间遇到日本兵的关卡，日本兵看着他的手细皮嫩肉不像庄稼人，便硬将他拖进山沟里处决了。

中国运尸队的悲歌

1904年，法国画刊图文报导。**图说：中国挑夫将死伤士兵送至大连。**日俄双方在战争过程中强拉中国百姓从事苦役，图中的运尸队便是一例，日军士兵的尸首仅包着白布，由四名中国挑夫担着运回城内举行安葬，但若碰到敌军的尸体或己方大量死伤不及一一埋葬，则改以就地焚化的方式处理。在金州之役中，双方死伤惨重，尸横遍野，日军便强拉金州城外的中国人搬运尸体，根据运尸队的于姓父子回忆，所有尸体都要丢到城西北的山沟里烧掉，当时总共有数十辆车，一车能拉十五六具尸首，却不分昼夜地搬了五天。

俄军强征中国工人修铁路 （见 264-265 页）

1904 年，法国画刊图文报导。**图说：中国工人忙着修复被土匪破坏的由辽阳通往奉天的铁路。**八国联军后俄军强占满洲，虽然名义上仍归中国，但实际上却早已被俄国完全统治，如奉天几个主要城市，俄国政府都安排了具有军官身份的“人民委员”来管理，一方面向百姓征用粮食及军需，另一方面还强行征调民众参与劳役，建筑各种军事设施或修筑铁路。这种情形在日军战胜后依然如此，只是换了另一个侵略者，据日本的记载：东北“地方上的居民早已忘记许多中国官衙仍然存在”。

日本警察斩杀中国人

1905 年，《LE MONDE　ILLUSTRE》图文报导。**图说：日本警察亲自处决中国犯人。**图中负责管理东北占领区的日本军官以军刀对中国死刑犯人执行斩首，已有两名死囚的人头落地。日本在日俄陆战占领中国东北后，便颁布了各种场所的取缔法规，并在宪兵军官的指挥下负责探查“间谍”，但“间谍”在当时国际法中属于“奇计”之一种，而非犯罪行为，因此日本特别创设了“露探”的用语，专抓任何有嫌疑的中国人或朝鲜人并加以处死，借以规避国际条约的规定，光在铁岭一地，从占领到和谈的七个月间，被认为有嫌疑者就有近百人，其中十五人被处死。

RUSSES ET JAPONAIS

Depuis le début de la crise russo-japonaise, tous les journaux, à l'envi, ont étudié les forces des deux belligérants, compté leurs navires, énuméré leurs corps de troupe.

Les moyens matériels dont disposent les deux nations ont donc été scrupuleusement examinés. Mais, sauf des indications générales, aucune étude approfondie du caractère des deux races opposées, c'est-à-dire du facteur moral, si important à la guerre, ne semble avoir été encore faite.

Sera-t-il permis à un ancien combattant du corps expéditionnaire français de Chine (1900) de donner à ce sujet, non des renseignements puisés dans les livres, mais des souvenirs personnels, fruits d'une longue fréquentation, au Pe-Tchi-Li, des officiers russes et japonais ?

Le Russe est le soldat fruste, patient, résistant, que les guerres d'Europe ont fait apprécier. Il est doué d'un caractère calme et froid, tenant de son origine mongole une absence totale de nerfs qui le rend insensible à la souffrance et aux privations, impassible au feu, imperturbable dans le péril le plus pressant. D'une bravoure froide, automatique presque, il est la masse, le bloc inébranlable que l'on peut placer sur un point quelconque avec une confiance absolue. D'une obéissance passive, aveugle, irraisonnée d'ailleurs, à la volonté de ses chefs, tout est réglé pour lui lorsqu'il a reçu un ordre « au nom de Dieu et du Tzar ».

Officier de Gendarmerie japonaise exécutant de sa propre main des prisonniers chinois

* * *

La campagne de 1900 a donné d'admirables exemples de cette intrépidité calme. Lors de la prise de Pei-Tsang, alors qu'une mine éclatait sous les pas d'une colonne russe, derrière l'état-major du général marchant en tête, celui-ci, se retournant sur son cheval, devant ce trou béant et fumant autour duquel s'amoncelaient une soixantaine de cadavres déchiquetés et de blessés râlant, commandait paisiblement « marquez le pas ! » Et la colonne, formée sur quatre, *marquait le pas!*

Les troupes russes de Sibérie sont particulièrement guerrières et, de par le genre de vie qu'elles mènent, extraordinairement entraînées. Toujours campées sous la tente, été comme hiver (et quels hivers!!) ces rudes soldats vivent d'une bien médiocre ration comportant un pain de seigle, noir et dur, véritable *pain de siège*, dont pas un de nos soldats n'eût voulu avaler une bouchée. Jamais, pendant la campagne de 1900, on n'a vu les Russes cantonner. Toujours, même auprès des villages, s'élevaient en rangées régulières les petites tentes coniques grises. Deux caisses et une planche formaient la table des officiers : la cantine de chacun lui servait de siège... et le menu était fourni par le pays lui-même — bouillie de maïs, œufs, poulets, porc ou bœuf. Plusieurs officiers nous ont déclaré n'avoir pas couché sous un toit depuis 3 et 4 ans.

Fanatique serviteur du Tzar, le soldat russe est aussi profondément religieux et ce n'est pas un des souvenirs les moins poignants de cette campagne lointaine que celui de la prière du soir dans un de ces camps décrits plus haut. Chaque jour, alors que le soleil disparaissait à l'horizon, que le crépuscule tombait sur les grands sorghos, noyant d'ombre la mer de verdure qu'était la plaine du Pe-Tchi-Li, tirant un voile de deuil sur les routes défoncées, jonchées de voitures brisées, de cadavres en décomposition, jalonnées de villages en ruines, chaque soir, rangés par compagnies devant leurs tentes, les Russes récitaient la prière du soir puis entonnaient des hymnes. Chants graves, aux notes profondes de plain-chant, lancés en chœurs admirables par deux mille poitrines, montant et descendant en rafales de voix de la droite à la gauche du camp et qui résonnaient à l'infini dans la plaine immense, du milieu des tentes éclairées par les feux rouges du bivouac. Je suis convaincu qu'aucun de mes camarades n'oubliera jamais cette scène profondément émouvante.

* * *

Le cosaque est un cavalier merveilleux. Pillard, sans doute, mais combien audacieux et courageux sabreur. Haut perché sur sa selle, sur le dos de sa bête étique, efflanquée, velue, qui va le nez au sol, semblant toujours prête à tomber, le cosaque parcourt des distances invraisemblables sans trace apparente de fatigue. Il va partout, examine en tous sens un pays, se faufile partout et, s'il rapporte, attachée à sa selle et à sa ceinture, ample moisson de volailles, il rapporte aussi fructueuse récolte de nouvelles utiles.

On peut diviser les officiers russes en deux catégories. L'officier noble, élégant, instruit, parlant plusieurs langues... sinon toutes les langues. Celui-ci est généralement employé dans un état-major ou adjoint à un colonel commandant de régiment.

L'officier roturier, rude d'aspect comme ses soldats, lourd, peu instruit, mais très au courant de son métier, brave et aveuglément dévoué à ses chefs. L'ensemble de cette armée représente une force redoutable. C'est ce sentiment d'une puissance effrayante, mais calme et tranquille, quelque chose comme le sourire d'un bon géant presque inconscient de la vigueur de ses muscles, qu'éveillaient en nous la vue des profonds colonnes russes, cheminant en grosses masses sur la route de Pé-King, évacuant le Pe-Tchi-Li pour aller camper en Mandchourie. Et nous suivions des yeux ces longues files d'hommes robustes, en tuniques et casquettes blanches, le fusil à baïonnette triangulaire sur l'épaule gauche, cheminant d'un pas lourd, foulant de leurs hautes bottes boueuses cette terre de Chine dont ils venaient de conquérir un morceau qu'ils vont défendre aujourd'hui. C'est une muraille humaine, solide et résistante, que les Japonais vont trouver devant eux au nord de la Corée après avoir percé, et avec quelle peine, l'épais rideau de la cavalerie cosaque soutenue par les compagnies d'élite montées de l'infanterie sibérienne. C'est contre cette muraille que viendra se briser l'élan fougueux, enragé, irréfléchi, du Japonais.

* * *

Le caractère du Japonais est exactement l'inverse, bravoure à part, du tempérament de son adversaire. Il est aussi vif, aussi emporté, aussi impétueux que le Russe est froid et calme. Actifs, remuants, aussi mobiles d'esprit que de corps, d'un orgueil démesuré, les Japonais ont été très remarqués pendant la campagne de 1900. La part importante qu'ils ont prise à la délivrance des légations (part naturelle si l'on songe que la proximité de leur pays leur permettait d'envoyer sur-le-champ des forces plus considérables que les nations européennes), le souvenir de leurs victoires passées, tout a contribué à leur donner en eux-mêmes une confiance inébranlable.

D'une bravoure folle, téméraire, le Japonais court sus à son adversaire et recherche, par-dessus tout, le combat à l'arme blanche — atavisme, sans doute, reste du sang des samouraïs à deux sabres. — Courage d'ailleurs aveugle, irréfléchi, ne tenant nul compte des pertes subies, courant facilement à l'extermination totale.

Le Japonais se révèle à la guerre un véritable asiatique. D'une férocité inouïe pendant... et après le combat, il se livre à des actes de sauvagerie horribles. La prise de Port-Arthur sur les Chinois (21 novembre 1894-1900) fut suivie du massacre de deux mille malheureux sans défense, hommes, femmes et enfants. L'occupation de Formose est une longue boucherie où 60.000 indigènes ont péri. Et après la prise de Tien-Tsin en 1900, qui ne se souvient, parmi les témoins oculaires, des cadavres de femmes portant à la gorge ce que l'on appelait la « signature japonaise », c'est-à-dire la plaie mortelle de la courte baïonnette nipponne.

* * *

Pour le Japonais, le combat commencé, tout le convenu des ordres disparaît. Du général au dernier soldat, une énorme poussée guerrière lance la masse sur l'adversaire. A quoi bon utiliser le terrain ? A quoi bon s'avancer d'abri en abri ? Non, il faut marcher crânement, courir et aborder sans tarder la ligne adverse. Cette tactique... échevelée... a fort bien réussi devant les Chinois sans moral. Devant la troupe russe impassible, sous la rafale des projectiles modernes, combien de ces enthousiastes petits guerriers pourront montrer à l'ennemi leur trop courte baïonnette ? Le soldat japonais est endurant, mais moins sobre qu'on se plait à le croire, et la ration de campagne, bien que composée en vue de sa nourriture spéciale, n'en est pas moins copieuse. Le riz, le poisson salé, les légumes, la viande, le saké, la composent.

Parmi les officiers, quelques hommes très intelligents, très au courant des choses militaires ; beaucoup insignifiants et paraissant de facultés très moyennes. Tous, d'ailleurs, d'une admirable bravoure, allant au feu en gants blancs.

Au total, une troupe d'élan fou, un tourbillon de moucherons sanguinaires, ivres de confiance et d'orgueil, mais peu susceptibles, par la mobilité de leur caractère, de supporter un revers éventuel. Le Japonais n'a pas appris à marcher en retraite. Qu'adviendra-t-il si un jour il doit reculer !

TCHENG.

晚清大臣考察西方宪政

法国《Le Petit Parisien》彩色石印画一幅。**图说：中国使团在巴黎市政厅讲台上**。1905 年 7 月，清政府为挽救危局，特派镇国公载泽、户部侍郎戴鸿慈、兵部侍郎徐世昌、湖南巡抚端方、商部右丞绍英等五大臣分赴东西洋各国考察政治。后由于吴樾炸弹谋杀案而推迟。原定出国的兵部侍郎徐世昌已获任巡警部尚书，商部右丞绍英在谋杀案中受伤，清廷另任命山东布政使尚其亨、顺天府丞李盛铎代替。戴鸿慈、端方于 12 月 2 日启程，前往美国、德国和奥地利考察。12 月 11 日，载泽、尚其亨、李盛铎离京启程前往日本、英国、法国和比利时等国考察西方政治。次年，出洋考察宪政的大臣们先后归国，1906 年 9 月 1 日清政府宣布实行"预备立宪"。图中载泽等人正在法国议会考察。

学习西方服饰礼仪

法国《Le Petit Journal》彩色石印画一幅。图说：**向中国人介绍欧洲的着装礼仪，议会变成了试衣间**。服装和礼仪常常是了解另一种文化的开始。桌上摆着各种式样的西装和帽子，两个中国模特头戴西式帽子站在一边，旁边一个身穿西式礼服的男子左右手各执一帽，正在向周围的中国人介绍西方人的服装和礼仪。中国人开始了解西方文明，正从这一点一滴开始。

中国成立新式军队

1909 年 8 月 29 日，法国《Le Petit Journal》彩色石印画一幅。**图说：中国新军**。经历了两次鸦片战争、中法战争、甲午战争、庚子事变的晚清政府，对新式军队一直抱有很大的期望。由新式的军装、新式的武器、新式的训练装备起来的新军正在训练。尤其日俄战争带给清廷巨大的震撼，1905 年初袁世凯在天津训练新军，带动中国军队的现代化，并影响中国军事发展的历史。

中国新军检阅仪式

1907 年 4 月 7 日，法国《La Croix Illustrée》彩色石印画一幅。**图说：中国新军**。袁世凯建立的新军，引进新式枪炮，采取西洋军队的训练方式，短短几年内，即成为可观的武力。图为新军在北京城举行检阅仪式，一改过去大清军的落伍形象。

新潮流的剪辫子运动

1911 年 2 月 5 日，法国《Le Petit Journal》彩色石印画一幅。**图说：中国的现代化进程：上海的剪辫子运动**。辛亥革命爆发之前，中国的一些地方就发生了剪辫子的运动。画家用艺术的表现手法记录了上海在剪辫子运动中的情形：有人剪掉辫子换上西装，受到旁边穿洋服的中国人的称赞，也有一些思想守旧的老人吓得惊慌失措。

革命军的兴起

1911 年 10 月 29 日，法国《Le Petit Journal》彩色石印画一幅。**图说：发生在中国的叛乱：军队的演变**。这是辛亥革命发生当月的法国报刊，中国革命消息传来，激发了外国画家的灵感，并将中国军队的演变，以生动有趣的方式画下来，作为鲜明的对照。最左边的虎头兵形象来自威廉・亚历山大随马戛尔尼使团访问中国后绘制的水彩画，左二是“五十年前”的将军装束，正中的紫色官袍是“二十年前”的将军装束，左四的蓝衣红裤是在法国军队中实习的中国军官装束，最右边是新军中的军官和士兵，后两者均为革命军的主力。

日俄战争大事纪

1904 年

2 月 4 日	日本召开御前会议决定与俄国作战
2 月 6 日	日本宣布与俄国断交，日本舰队由佐世保港出发
2 月 8 日	日舰队偷袭旅顺港俄国舰队，日俄战争爆发
2 月 9 日	俄国宣布对日宣战，仁川海战
2 月 10 日	日本对俄宣战，并组建陆军第一军，以黑木为祯为司令官
2 月 11 日	日本于宫中设立大本营
2 月 12 日	清廷宣布局外中立
2 月 14 日	日舰队攻击旅顺口，马卡洛夫被俄国任命为太平洋舰队司令
2 月 24 日	日舰队第一次旅顺口闭塞作战
3 月 9 日	俄国新任舰队司令马卡洛夫抵达旅顺
3 月 15 日	日本组建第二军，以奥保巩为司令官
3 月 27 日	日舰队第二次旅顺口闭塞作战
4 月 13 日	俄军舰队司令马卡洛夫旗舰触雷战死
5 月 1 日	日军渡过鸭绿江，占领九连城
5 月 3 日	日舰队第三次旅顺口闭塞作战
5 月 5 日至 13 日	日陆军第二军登陆猴儿石，占领普兰店及大沙河一带，切断旅顺俄军与满洲南部之联系

5 月 15 日	日舰队初濑号、八岛号触雷沉没，吉野号遭春日号撞沉
5 月 26 日	日军占领金州南山
5 月 28 日	日军占领大连
5 月 30 日	日本组建第三军，以乃木希典为司令官
6 月 14 日	得利寺之战
6 月 20 日	日本组成满洲军总司令部，以大山岩担任总司令
8 月 10 日	黄海海战
8 月 14 日	蔚山海战
8 月 16 日	日军全面包围旅顺要塞，派人劝降
8 月 19 日	日军发起对旅顺第一次总攻
9 月 4 日	日军占领辽阳
9 月 19 日	日军发起对旅顺第二次总攻
10 月 9 日至次年 2 月	沙河会战
10 月 15 日	俄国沙皇尼古拉二世为增援之太平洋第二舰队送行
10 月 30 日	日军发起对旅顺第三次总攻
11 月 26 日	日军发起对旅顺第四次总攻
12 月 5 日	日军攻占旅顺二〇三高地
12 月 29 日至 1 月 1 日	日军攻占旅顺二龙山堡垒、松树炮台及望台高地，准备攻入旅顺

1905 年

1 月 1 日	旅顺俄军派使者请降
1 月 2 日	旅顺俄军代表在水师营签署投降书
1 月 22 日	俄国首都圣彼得堡发生示威，政府进行流血镇压，史称“血腥的星期日”
3 月 1 日至 10 日	奉天会战
5 月 27 日	对马海战
7 月	日军攻占库页岛
8 月 10 日	在美国的斡旋下，日俄双方于美国海军基地朴茨茅斯进行和谈
9 月 5 日	双方签订《朴茨茅斯条约》，日俄战争结束
12 月 22 日	中日签订《东三省事宜条约》

参考文献（依出版时序排列）

专著

外文

1、Malozemoff, Andrew, Russian Far Eastern Policy 1881–1904, with Special Emphasis on the Causes of the Russo–Japanese War Berkeley, 1958.

2、Dennett, Tyler, Roosevelt and the Russo–Japanese War, Gloucester, Mass., 1959.

3、White, John Albert, The Diplomacy of the Russo–Japanese War, Princeton, 1964.

4、Berlin, Isaiah, Russian Thinkers, London, 1978.

5、Davis, A. R. (ed.), Modern Japanese Poetry, trans. James Kirkup, St Lucia, Qld, 1978.

6、Agawa, Hiroyuki, The Reluctant Admiral: Yamamoto and the Imperial Navy, trans. John Bester, Tokyo, 1979.

7、Bidwell, Shelford and Dominick Graham, Fire–Power: British Army Weapons and Theories of War, 1904–1945, London, 1982.

8、Beasley, W. G., Japanese Imperialism 1894–1945, Oxford, 1987.

9、Connaughton, R. M., The War of the Rising Sun and the Tumbling

10、Bear: a Military History of the Russo–Japanese War 1904–1905, London, 1988.

11、Esthus, Raymond A., Double Eagle and Rising Sun: the Russians and Japanese at Portsmouth in 1905, Durham, N.C., 1988.

12、Corbett, Julian S., Maritime Operations in the Russo–Japanese War, 1904–1905, vol. 1, Annapolis, Md,. 1994.

13、Rimer, J. Thomas (ed.), A Hidden Fire: Russian and Japanese Cultural Encounters, 1868–1926, Stanford, 1995.

14、Herrmann, David G., The Arming of Europe and the Making of the First World War, Princeton, 1996.

中文

1、实践学社编 (1964). 日俄战争研究 , 实践学社 .

2、苏俄国家中央档案馆编 (1976). 日俄战争——库罗伯特金・利涅维奇日记摘编 . 北京 , 商务印书馆 .

3、鲍・亚・罗曼诺夫 (1976). 日俄战争外交史纲 . 上海 , 上海人民出版社 .

4、贺允宜 (2004). 俄国史 . 台北市 , 三民书局 .

5、董志正等编著 (2005). 日俄战争始末 . 大连 , 东北财经大学出版社 .

6、关捷等主编 (2005). 日俄战争史料集 . 大连 , 东北财经大学出版社 .

7、田久川等编著 (2005). 日俄战争史略 . 大连 , 东北财经大学出版社 .

8、鲍里斯・米罗诺夫 (2006). 俄国社会史 . 济南 , 山东大学出版社 .

9、阎京生 (2007). 菊花与锚——旧日本帝国海军发展史 . 台北市 , 知兵堂

10、蔡凤林 (2008). 日俄四次密约——近代日本"满蒙"政策研究之一 . 北京 , 中央民族大学出版社 .

11、鹿野政直 (2008). 日本近代思想 . 台北市 , 五南 .

12、坂野润治 (2008). 近代日本政治史 . 台北市 , 五南 .

13、冈崎久彦 (2009). 日本外交史话 . 台北市 , 玉山社 .

14、陈景彦等著 (2010). 20 世纪中日俄三国关系史研究 . 长春 , 长春出版社 .

15、金文学 (2011). 中日韩国民性格 . 香港 , 三联书店 .

16、OCT (2011). 日俄战争——开战背景及海战始末 . 台北市 , 知兵堂 .

17、万安中 (2011). 战争与革命:世界史研究一隅 . 北京 , 经济管理出版社 .

18、井口和起 (2012). 日俄战争的时代 . 台北市 , 玉山社 .

期刊

外文

1、Pyle, Kenneth B., 'The Technology of Japanese Nationalism: the Local Improvement Movement, 1900−1918', Journal of Asian Studies, vol. 33, no. 1, 1973, pp. 51−65.

2、Aoyama Tomoko, 'Moon over Battlefield: Two Diaries of the Russo− Japanese War', New Zealand Journal of East Asian Studies, vol. 3, no. 1, 1995, pp. 3−22.

3、杨素霞 (201201). "日露战争期における日本帝国の桦太植民地化への眼差し一志贺重昂の地理学知识を通して ." 政大日本研究 9.

中文

1、森谷秀亮 (1962.05). "近代日本之形成与其展开'日俄战争'." 大陆杂志 24:9.

2、施元荣 (1975.04). "日俄战争中的政治作战 ." 三军联合月刊 13:2.

3、林明德 (1992.06). "日俄战争后日本势力在东北的扩张 ." 台北中央研究院近代史研究所集刊 21.

4、李齐芳 (1997.06). "日俄战争在中国 ." 淡江史学 7/8.

5、陈丰祥 (1998.06). "日俄战后的日本对'满'政策 ." 历史学报 16.

6、何萍 (1999.03). "清季朝野对日俄战争的省思与回应 ." 东吴历史学报 5.

7、黄自进 (2003.03). "利用与被利用：孙中山的反清革命运动与日本政府之关系 ." 台北中央研究院近代史研究所集刊 39.

8、权赫秀 (2005). "日俄战争对近代中韩关系的影响 ." 近代史研究 6.

9、苏容立 (2005.04). “二十世纪的军事革命——以日俄战争 (1904-1905) 为例.” 中华军史学会会刊 10.

10、Jukes, G. (2005.06). “二十世纪的第一声惊雷.” 当代 214.

11、张锡模 (2005.06). “日俄战争与政治思想.” 当代 214.

12、李永炽 (2005.06). “日本与日俄战争.” 当代 214.

13、刘维开 (2005.11). “日俄战争与中国革命运动之发展.” 台北国父纪念馆馆刊 16

14、陈丹 (2005.12). “日俄战争——当时中国人怎么想.” 历史月刊 215.

15、彭思齐 (2007.06). “《仪若日记》所见日俄战争之中国中立问题.” 政大史粹 12.

16、赵国材 (2007.12). “日俄战争期间所涉及之国际法问题.” 律师杂志 339.

17、赵国材 (2008.06). “论日俄战争之外交背景、远因近因、经过及影响.” 中华战略学刊 97.

18、庄淙澍 (2011.12). “日俄战争之检讨与影响.” 复兴岗学报 101.

图书在版编目（C I P）数据
日俄战争与中国的命运：1904-1905 法兰西画刊图文精选 / 中华世纪坛世界艺术馆、秦风老照片馆编著；李佳达撰文. -- 桂林：广西师范大学出版社，2013.6
ISBN 978-7-5495-3879-9
Ⅰ. ①日… Ⅱ. ①秦… ②李… Ⅲ. ①日俄战争—史料—画册 Ⅳ. ①K313.430.6-64
中国版本图书馆 CIP 数据核字 (2013) 第 122766 号

日俄战争与中国的命运——
1904-1905 法兰西画刊绘图精选

[展览顾问] 冯光生
[展览策划] 秦 风
[编　　委] 王建琪 王立梅 郭富纯 秦 风
[展览制作] 周 围
[展陈设计] 柳 青
[平面设计] 段 旭
[撰　　稿] 李佳达 秦 风 汪朝光
[编　　辑] 蒋海梅

日俄战争与中国的命运——
1904-1905 法兰西画刊图文精选

[编　　著] 中华世纪坛世界艺术馆
秦风老照片馆
[出版发行] 广西师范大学出版社
[出 版 人] 何林夏
[出 品 人] 刘瑞琳
[责任编辑] 曹凌志
[视觉指导] 段 旭
[印　　制] 北京雅昌彩色印刷有限公司
[开　　本] 300×300mm
[图　　片] 135 幅
[版　　次] 2013 年 7 月第 1 版
[印　　次] 2013 年 7 月第 1 次印刷
[书　　号] ISBN 978-7-5495-3879-9
[定　　价] 680.00 元